擺脫尷尬

的 12 堂
魅力課

GET RID OF
AWKWARD

用幽默提升人際關係，
讓你在各種場合中游刃有餘

幽默讓你的言語更有魅力，贏得掌聲和尊重
輕鬆掌控全局，化解尷尬與衝突
讓生活充滿笑聲與美好，改善人際互動

妙語如珠，輕鬆打動人心
讓機智成為人生的助力

孟令瑋 著

目錄

第四章
歪解一下：變通顯幽默

第五章
邏輯不通：矛盾亦幽默

第六章
依樣畫葫蘆：模仿造幽默

目錄

第十章
婚姻的幽默

第十一章
情緒除錯的幽默

第十二章
演講談判的幽默

目錄

第一章

幽默的力量

世事洞明的智慧：幽默

幽默與滑稽是不同的，滑稽通常是為了開玩笑而開玩笑，有譁眾取寵的「嫌疑」，甚至可能帶有玩世不恭的意味。而幽默則是一種對生活的態度，是一種咀嚼過人生酸甜苦辣後的智慧。因此我們可以毫不誇張地說，幽默展現的是一種智慧，是一個人的靈感、學識在語言表達時的閃現。

智慧從何而來？知識的累積，那還不叫智慧，充其量只是博學而已；知而後行才會有智慧。「世事洞明皆學問，人情練達即文章」，沒有豐富閱歷的鍛造，任何人都不可能具有那種世事洞明的智慧和寬闊似海的胸襟。

我們知道，禪宗最講究悟道，悟道的禪師在開啟弟子智慧之門時，也喜歡透過幽默來引導。例如，唐朝馬祖禪師的弟子與另外一位禪師論及馬祖的禪法時，禪師指著一堆柴薪說：「馬祖的禪法像那堆柴薪嗎？」弟子不明其意，以為他在侮辱師父，不服氣地把話帶回來。馬祖問他：「孩子，禪師所指的柴薪有沒有廚房那一堆大？」弟子答：「差不多。」馬祖笑著說：「你真有力氣，扛回來那麼一大堆的柴薪。」

禪師很幽默，但弟子卻沒有開悟，不解其中之意。其實，馬祖並不在乎那位禪師是誇獎還是批評自己，而弟子卻把這件事看得很重，一直把這個問題放在心上。在馬祖看來，弟子就是背著那堆「柴薪」，當然不是身

體上背著，而是心理上背著。這則幽默的背後是馬祖禪師對世界和事理的深刻體悟，他的大智大慧使他擁有看透大千世界、超脫凡俗泥淖的能力。

懂得幽默的人通常是擁有大智慧的人，而有些人是專門研究幽默的，例如相聲演員，他們將自己的精力和時間奉獻給幽默，以凝聚著智慧的幽默帶給人歡樂，他們擅長在看似極其普通的對話中，巧妙地安排瑣碎的生活細節，狀似無心，實則意味深長；繼而緩緩地把故事帶入高潮，逗觀眾捧腹大笑。這種幽默不是學來的，而是生活的濃縮，是智慧的延展。

總之，幽默猶如一座百花園，等待著人們去欣賞其中的豔麗與芬芳，又如一位披著面紗的少女，等待著心嚮往之的少年輕輕地走上前去……

【幽默你的世界】

生活中總少不了一些客套話，也許這些話並非發自內心，但是生活中要是少了它們，往往會令你陷入困境。

例如，有個人告訴你：「我昨天買了一件新裙子，看，就是我現在穿的這件！」也許你並不覺得她的裙子有多麼漂亮，甚至覺得很俗氣，但若是直接這樣說，總是不妥。實際上你無須提出多麼專業和正確的評論，她只是渴望自己的選擇得到他人的認同。所以，你不妨這樣讚美她：「怪不得覺得妳今天特別漂亮，眼光不由得瞟向妳的裙子，我都快成斜視眼了。」

一句勝百句：幽默的正效益

　　幽默不僅能為我們的生活增添情趣、錦上添花，很多時候它更是一種高效潤滑劑，在某些場合中化解困境。例如，當我們勸說別人的話不適合直說，就不妨採用委婉的幽默方式。

　　一位老廚師在一個大戶人家工作了很多年，他手藝很好，做事情也很有分寸，但是不知道為什麼這些年從未得到老闆的稱讚。

　　這天中午，老廚師為老闆做了一道「單腳烤鴨」，美味極了，老闆吃得津津有味，吃完後問老廚師：「奇怪，這隻烤鴨怎麼只有一隻腳呢？」老廚師回答道：「我們家養的鴨子都是一隻腳的呀。」老闆心想哪有這回事，於是就決定親自去後院看個究竟。

　　中午時分，鴨子都在休息，所以都是一隻腳站著的姿勢。見此情形，老闆笑了，他拍著手大聲吆喝，鴨子們受驚後，紛紛放下腳來，搖頭擺臀地跑開了。主人回頭對著廚師說：「哪來的單腳鴨？你看看，它們不都是兩隻腳嗎？」

　　老廚師不慌不忙地說：「原來是一隻腳的，不過您給它掌聲，就變成兩隻腳了！」老闆聽出了廚師的話中有話，以後對他的菜品總是讚不絕口，還不時送一些小東西作為獎勵。

　　你看，很簡單的一句「鴨子一隻腳」，點醒了這位吝於誇獎別人的老闆，這就是幽默的效果。

　　幽默不但能讓你得到你想要的，在必要的時候也可以讓你推辭掉你不想要的。這裡有個小故事：有個宮廷小丑，一次不小心得罪了國王，國王非常惱怒，下令將其處死。小丑的同伴求情，希望國王能夠饒過這個為其帶來過無數歡笑的人。國王有些心軟了，讓小丑選擇如何死。小丑回答說：「陛下，如果您不反對的話，我願意老死。」國王聽後不禁笑了，就放過了小丑。毋庸置疑，小丑以幽默的方式巧妙地挽救了自己的性命。對於這位小丑來說，恐怕在其一生中所創造的幽默都沒有這個幽默的效果好。之所以如此，除了幽默本身，還因為它的出現是在最適合、最關鍵的時候。

　　幽默在很多嚴肅的場合也是很受用的。比如，在家庭教育過程中，有的家長拍桌子摔凳子，吹鬍子瞪眼；有的家長心平氣和，把道理掰開揉碎地講來講去；也有的家長風趣幽默，讓孩子在幽默中領會。不同的教育方式，產生的效果大不相同。高壓下教育的孩子只是嘴上說「是」，心裡不服；講「道理」的家長，日子久了總會讓孩子感到厭煩；只有幽默，才能讓教育在孩子心裡扎根。

　　所以說，幽默是家長與孩子溝通的有效方式。在教育孩子時，家長不妨幽默一點，讓孩子在笑的同時，自然而然地接受你的理念。

　　馬先生讀小學的兒子因為迷上了武俠小說，整天和朋友們打打殺殺的，很讓人擔心。一天，兒子和朋友又一起買了一支新式玩具手槍。看到家裡已經有很多類似的玩具槍了，馬先生覺得應該說點什麼。他並沒有對孩子沒完沒了地嘮叨或者大聲責罵，而是微笑著對孩子說：「兒子，你的

軍費開支也太大了，現在是和平時期，美國都裁軍了，我們也減少點軍費支出，如何？」兒子明白了爸爸的意思，於是也有模有樣地敬了個禮，說道：「Yes, sir!」從此以後，兒子再買玩具時都會再三考慮，甚至主動和父母商量。

由此可見，父母多一分幽默，子女就會多一分笑聲，多一分歡樂，多一分力量。幽默不僅能消除父母與子女之間人為的緊張情緒，更可以讓子女在笑聲中培養健康身心，達到寓教於樂的目的。

此外，幽默的教育可以在家中營造輕鬆歡樂、自由自在的氣氛，這樣的家庭，父母與孩子的關係必然更親密和諧。在家庭中，幽默不僅是一種教育手段，它還能造就孩子樂觀開朗的精神。

當然，不僅家長的幽默教育很重要，老師的幽默教育也很重要。根據調查，百分之九十的中小學生都喜歡「幽默風趣，學識淵博」的老師，可見幽默教育對老師來說是多麼的重要。

根據許多老師的實際教學經驗，「笑」是刺激學習熱情的絕佳方案。一位中文老師在講解韓愈〈師說〉的作者生平，若以簡單直白的版本可能是這樣說：「韓愈 25 歲時才登進士第，又經過許多挫折，才得到『試校書郎』這樣一個九品小官，其後又屢遭排擠貶斥，直到晚年才做到正四品『吏部侍郎』。然而這位老師是這樣介紹的：「七品為芝麻官，九品呢，只能是菜籽官吧，四品呢，大概是蠶豆官了。」大家都笑了，這位教師接著又轉入話題：「從菜籽官的渺小而到蠶豆官的偉大，韓愈任官職的道路是艱難的、曲折的，但他卻堅持自己。他曾於災年為民請命而被貶，還曾因反對皇帝迎佛骨而幾乎被處死。當時也盛行血統論，官員和富貴人家的子女不用努力就可以做大官，平民出身者即便努力向學，也會受到打壓而難

出頭，正因如此，『讀書無用論』於當時社會中甚囂塵上。而韓愈的〈師說〉就是奮起討伐這股社會風氣的戰鬥檄文。」

這位教師用現代的幽默語言來介紹古文典籍，並且和實際生活有很多連繫，因此引發同學們的興趣，為後面順利學習這篇課文打下了良好的心理基礎。

著名教育家斯特洛夫曾說：「教育家最主要的、也是第一位的助手便是幽默。」實際中，幽默的教師確實往往會比一般教師更具親和力，更容易博得學生的歡迎和親近。

總之，運用幽默來勸解、教育別人，往往能夠創造出一種寬鬆、和諧的氛圍，達到一句勝百句的好效果。所以生活中我們要學會幽默，以幽默的方式輕鬆地與人溝通。

【幽默你的世界】

很多時候，說教不僅費時耗力，而且像唐僧一樣招人厭煩，而幽默則可以幫助你解決很多問題。

例如，你的鄰居總是晚上很晚還在聽廣播，你可以對他說：「請把你的收音機借給我用一個晚上好嗎？」他問你是否也喜歡晚間特別節目，你回答：「不，我只喜歡能夠安安靜靜地睡上一覺。」

再比如，一個年輕人把老人撞倒了卻揚長而去，你可以喊住他：「你掉東西了。」等他回來尋找時，讓他把老人扶起來，說：「你差點丟了你的道德，不過現在你找回來了。」

幽默讓人生充滿歡笑

假如某人在酒吧裡點了一杯啤酒，當啤酒端上來時，卻發現上面漂著一隻蒼蠅。此時此刻，他會選擇什麼樣的方式向服務員陳述這個事實？

英國人會很紳士地說：「請換一杯啤酒。」法國人覺得這太不妙了，直接將其傾倒一空。日本人會叫來酒吧的經理，很嚴肅地說道：「你們就是這樣做生意的嗎？」阿拉伯人會把侍者叫過來說：「來，我請你喝。」而美國人則會說：「以後把啤酒和蒼蠅分別放置，讓喜歡蒼蠅的顧客自己加，可以嗎？」

這個假設的場景讓我們看到了什麼是幽默。的確，遇到了不太開心的事情，你或許會懊惱，會發脾氣，其實，除此以外，你還可以選擇幽默，就像上面的美國人那樣，博得眾人一笑的同時，也委婉地表達自己的不滿。

當然，幽默不單單能表達不滿，生活中，我們常常可以看到，雙方在爭論激烈、劍拔弩張之時，由於某個人的一兩句幽默話語，使得爭執的雙方啞然失笑，化干戈為玉帛；在一個死氣沉沉、單調乏味的場合，因為某個人的幽默談笑，沉寂局面被打破，從而營造出一種生動歡快的氛圍。這些幽默的製造者通常特別受人歡迎，因為他不僅給大家帶來了歡樂，並且還幫助大家解決了問題，有時候甚至還可以幫人「治療」一些特殊病症。

　　有這樣一個小故事：一個老先生得了怪病，頭痛、沒有胃口，而且精神不振。他看了很多醫生，也吃了很多藥，就是不見好轉。一天，他聽說來了一位名醫，便前去看病。名醫切脈後，給他開了一張藥方，讓老先生去按方抓藥。老先生興高采烈地來到中藥鋪，將藥方遞給藥師，還說這是名醫給自己開的處方。藥師接過藥方一看，竟然哈哈大笑，說：「這哪是您吃的藥啊！這是治婦科病的處方，名醫肯定開錯了。」一聽此話，老先生趕忙回去找那位名醫，但是名醫出診了，要一個多月才能回來。無奈之下，老先生只好悶悶不樂地收起藥方回家了。

　　回家路上，老先生心想，這位名醫也太迷糊了，自己怎麼會得婦科病？想著想著禁不住哈哈大笑起來。自此以後，每當想起這件事，老先生就忍不住要笑。一個月後，名醫回來了，老先生趕緊跑去找到名醫，告訴他藥方開錯了。但出人意料的是，這位名醫此時竟然笑著對老先生說，自己是故意開錯的，因為老先生的病因是肝氣鬱結，「大笑」才是最好的特效方。一聽此話，老先生恍然大悟 —— 怪不得這一個月來，自己總是笑，什麼藥也沒吃，身體卻好了。

　　這位名醫不愧是名醫，把「笑」當作藥，並且這個藥方十分幽默，才能一直引起老先生的笑。

　　由此可見，就像吃藥能治療疾病一樣，幽默也能具備這樣的好效果，它總是能引起人的大笑，讓人感到發自內心的快樂。

　　不僅在工作交際中需要幽默，在我們的家庭生活中，幽默同樣不可或缺。

　　一對夫妻在激烈地爭吵著，女人哭著說：「這哪像個家，我再也不能在這樣的家裡生活下去了！」說完收拾行李，拎起皮箱就要走。見此情

形，男人急了，追在後面喊：「等等，你忘了帶一件重要的行李。」女人問：「什麼行李？」丈夫說：「我呀，若你要走，把我也帶走吧。」丈夫一句幽默的話語，立刻緩和了夫妻之間的緊張氣氛，使對方破涕為笑。

一對夫妻經濟狀況不太好，最近又遇上很多事情需要錢，因為錢的事情發生了爭吵。妻子罵丈夫沒有用，「你瞧，別的男人多會賺錢，我們家過的卻是什麼日子？嫁給你真是鮮花插在牛糞上！」丈夫想，現在無論說什麼都會引發爭吵，於是就採取了迴避策略，出門兜了一圈後，回到家門口風趣地說：「尊敬的老婆大人，牛糞回來了！」妻子看著自己的男人，也不禁笑了。就這樣，一場「家庭戰爭」悄然平息了。

可見，幽默是一門多麼寶貴的藝術，它如同滅火器一般，能熄滅家庭的戰火，並且可以助你讓窘迫、尷尬在歡笑聲中消失。更重要的是，幽默可以使我們的生活更加歡樂。如果你能夠成為這樣一位傳播歡樂的使者，那麼這世上還有什麼事情能比這更有價值、更有意義呢？

【幽默你的世界】

幽默要在合情合理的前提下，引人發笑，啟迪他人，這需要具備一定的素養和情緒修養。

例如，兩個人冷戰不說話了，如果你說：「你看世界上的冷戰都結束了，我們倆的冷戰是不是也可以鬆動一下？」對方此時絕不會無動於衷的。

再比如，你惹女朋友不高興了，你可以說：「看看妳的臉蛋，拉那麼長，天有陰晴，月有圓缺，這麼長時間過去了，月兒也該圓了呀！」相信她聽了之後很快就會「多雲轉晴」的。

有創意的幽默讓人眼前一亮

眾所周知，在相似的社會環境和文化背景下，人們對事情的認識會有很多相同的地方，對同一件事也經常看法相似，因此再幽默的話被重複千遍也會讓人覺得乏味，而乏味的東西自然算不上是真正有質感的幽默，只有突破思維的幽默才能讓人眼前一亮。

一天晚上，位元發現有人在自己家裡的倉庫內偷東西，他趕緊躡手躡腳地回到臥室，撥通了警察局的電話：「警察先生，我家裡有賊。」警察問：「是在你家裡面嗎？」位元回答：「是在倉庫，有幾個人鬼鬼祟祟的。」警察聽到是在倉庫，就說：「現在我們所有的巡警都非常忙，你先把自己家裡的門鎖好，保護好自己。我們會在方便的時候過去一下。」

位元掛掉了電話，覺得這位警察肯定沒有看重這件事。於是，他等了一會兒又給警察局打電話說：「喂，警察先生您好，我再跟您說一下，現在你們不用擔心了，我已經把小偷全部擊斃了。」位元放下電話還不到5分鐘，4輛警車和一支全副武裝的特種部隊，還有一輛救護車包圍了位元家的倉庫，幾個小偷很快被捕了。

臨走時，警察帶著嘲諷的口吻對位元說：「我以為你真的把他們擊斃了呢！」位元微微一笑，說：「我以為你們的巡警真的都沒空呢！」

　　你看，位元就這樣以不拘一格的想法、幽默的方式輕易地為自己解了圍，讓這些無所作為的警察乖乖就範。由此可見，有創意的幽默不僅能帶來歡笑，也能解決大問題呢。

　　中國歷史上也有很多有創意的幽默高手，三國時期的曹植便是其中一位。

　　有一年中秋夜，曹操全家在一起賞月，曹操問曹植：「月亮跟外國比，哪個遠？哪個近？」曹植立刻答道：「月亮近，外國遠。」曹操問他為什麼。曹植回答：「月亮抬頭就能望見，所以說它近；外國可是看不見的，所以說它遠！」曹操聽了很高興，誇獎曹植很有想法。

　　來年中秋，有幾個外國友人拜訪曹操。在宴會上，曹操問客人們：「月亮跟貴國比，哪個遠？」客人們眾說紛紜，爭論不休。曹操想讓曹植展現一下才能，就說：「這個問題，就讓我三兒子曹植回答。」

　　曹植很有禮貌地對客人說：「貴國近，月亮遠呀！」大家不解其意，曹植不慌不忙地解釋道：「月亮抬頭望得見，但它可望而不可及，所以說它遠；貴國雖然看不見，可是和我們互有往來，所以說它近啊！」客人們聽了，都說三公子說得有道理。

　　其實，曹植的聰明不僅在於他對事物有獨到的見解，更重要的是他能夠視情況的不同而轉換思維，將一個不確定的問題給出兩種不同的答案，並能找到充分的佐證，以幽默的言辭讓大家都心服口服。

　　還有一個眾所周知的幽默高手，那便是土耳其的伊斯蘭教神學家阿凡提。

　　阿凡提與地主巴依經常針鋒相對，因此巴依總想找機會愚弄一下阿凡提。一次，巴依和老婆下棋，就把阿凡提叫到跟前說：「阿凡提，大家都說你很聰明，那你就來猜猜我們這盤棋的輸贏吧。猜對了，我給你五個元寶，猜錯了，你以後就要為我做長工。」阿凡提同意了，當場鋪開一張

紙，在上面寫上「你贏她輸」四個字。

見此情形，狡詐的巴依故意輸了這盤棋，然後得意地要求阿凡提做自己家的長工。阿凡提拿著那張紙念道：「你贏她？輸。」這句話表達的意思是巴依輸，老婆贏。「先生，我猜對了！」阿凡提笑著對巴依說。巴依很生氣，卻不好說什麼。

於是他們決定再猜一局，這一局，巴依故意贏了她老婆。阿凡提又打開紙一念：「你贏，她輸。」巴依的陰謀又沒有得逞。

「不，還得猜一盤！這次我說話一定算數，你要是猜對了，這元寶就是你的了；猜錯了，可就別怪我對你不客氣！」巴依想自己一定要整整阿凡提，於是他與老婆故意下了和棋。阿凡提又拿起紙念道：「你贏她輸？」意思就是阿凡提不肯定誰贏誰輸，所以說他們和了。

同樣的一句話，只是斷句的不同，就帶來了三種截然不同的意思，阿凡提以幽默的智慧贏得了遊戲的勝利。

在現實生活中，每個人身上都「潛伏」著幽默的細胞，只是這種細胞還需要自己努力開發和培養。另外，我們還要注意開創自己的思維方式，因為只有突破常規思維的幽默，才能清新脫俗，讓人眼前一亮，從而產生更強的幽默效果。

【幽默你的世界】

不一樣的幽默需要不拘一格的思維、對情景的巧妙捕捉和眾多的素材。許多「冷幽默」總是讓人覺得很新鮮。

例如，你在飯店吃飯，服務員為你端上了啤酒卻忘了拿開瓶器，這時你不妨對服務員說：「信不信我用大拇指就能把啤酒開啟？」對方肯定會說不信，你可以說：「那你還不把開瓶器拿來？」

幽默的人肚裡能「撐船」

　　每每翻看一些徵婚啟事，經常發現這樣的字眼「……欲尋求幽默風趣，有風度的人為伴侶……」由此不難看出，幽默有風度是很多人都很看重的品質，同時也是人們在尋找終身伴侶時必不可少的條件，因為和幽默的人生活在一起，平淡的日子也能充滿歡笑，常保愉快的心情。

　　的確，幽默與有風度有著密不可分的關係。一般來說，幽默的人是很有風度的。如果一個人小肚雞腸，對什麼事情都斤斤計較，整天想著雞毛蒜皮的小恩小怨，他又怎麼會有心情幽默呢？只有胸襟開闊的人才能夠正視所有的場面，不管是尷尬的還是悲痛的，不管是緊張的還是重大的，總能用自己的幽默智慧來化解矛盾。

　　這一點在政界展現得尤為明顯，因為政治人物每天與形形色色的人接觸，時常發生意想不到的情況，想要處理得幽默大度很不容易。

　　美國第 34 任總統艾森豪威爾（Dwight D. Eisenhower）是個禿頭，恰巧他的財政部長喬治·漢弗萊（George M. Humphrey）也是個禿頭，兩個人在任期間合作很愉快，私人關係也不錯，可以說他們深厚的交情在兩人的初次見面就埋下了伏筆。首次會面，艾森豪威爾和喬治·漢弗萊親切地握手並且說：「喬治，我注意到你梳頭的方式完全和我一樣。」每每回憶

起此事，漢弗萊總會說他永遠不會忘記艾森豪那種隨和幽默。

一位頭髮濃密漂亮的男人，一般而言比起禿頂男人更瀟灑帥氣；禿頭謝頂的男人，外表看起來不美觀，內心容易產生自卑感。普通男人可能會因為自己的光頭而覺得不好意思，而艾森豪心胸坦蕩，根本不把這些小事放在心上，在必要的時候還能藉此幽默一把。

還有一個例子更能說明這一點。著名的德國將軍烏戴特（Ernst Udet）頭髮比較稀疏，在一次酒會上，一名士兵在敬酒時不小心將啤酒灑到了將軍的頭上，大家嚇得停下了手邊動作，整個會場頓時鴉雀無聲。這位犯錯的士兵嚇得魂不附體，等待著一場狂風暴雨降臨。然而將軍此時卻笑了笑，對正在發抖的士兵調侃道：「傻小子，你以為這樣就能治好我的禿頭嗎？謝謝你的好意。來，乾一杯！」

同樣是面對自己的禿頭，這位將軍也用幽默化解了這個尷尬局面，他的寬容和機智令人佩服。

人們都說小偷就像老鼠一樣，過街時人人喊打，如果被逮到了現行犯，肯定是要「除」之而後快，很少有人會寬容諒解，然而有些人卻能對此幽默處理。

據說畫家鄭板橋年輕時家裡很窮，他那時還沒什麼名氣，字畫也賣不了多少錢，雖說不至於家徒四壁，但也沒什麼值錢的東西。

一天夜裡，鄭板橋昏昏欲睡，恍惚間看見窗紙上映出一個鬼鬼祟祟的人影，心想：一定是小偷光臨了，我家沒有值得拿的東西呀，反正也沒睡，不如和他開開玩笑。於是鄭板橋便高聲吟起詩來：「大風起兮月正昏，有勞君子到寒門。詩書腹內藏千卷，錢串床頭沒半根。」小偷一看自己被發現了，轉身就溜。見此情形，鄭板橋覺得還有必要交代一下路線，

於是就又唸了兩句詩送行：「出戶休驚黃尾犬，越牆莫礙綠花盆。」

豈料，小偷慌了神，不小心把幾塊牆磚碰落到地上，鄭板橋家的黃狗發現了小偷，窮追不捨。於是鄭板橋披衣出門，喝住黃狗，還把嚇壞了的小偷扶起來，送出了自家大門，想了想又吟送了兩句詩：「夜深費我披衣送，收拾雄心重作人。」經過這番經歷，小偷深受教誨，決定從此洗心革面，重新做人。

是人就難免犯錯，但總有人喜歡對別人的錯誤窮追猛打，這其實於人於己都沒有什麼益處。不如寬容對待，讓其認識到錯誤並改正，甚至若能採用鄭板橋勸退小偷的幽默方式處理，效果一定更好。

幽默不分國界，沒有種族的差別，沒有男女的界限，是全世界通用的語言。幽默，還能超越陰陽之隔，比如墓誌銘 —— 一個人給這個世界的最後印象，有些人也能把它寫得幽默感十足。

書畫家啟功先生在自己 66 歲時自撰墓誌銘，他是這樣寫的：「中學生，副教授。博不精，專不透。名雖揚，實不夠。高不成，低不就。癱趨左，派曾右。面微圓，皮欠厚。妻已亡，並無後。喪猶新，病照舊。六十六，非不壽。八寶山，漸相湊。計平生，諡曰陋。身與名，一齊臭。」

從表面上看，老先生用 96 個字來概括自己的一生，這很平常，但是採用「三字經」的樣式，便饒富興味。此外，再加上老先生的幽默口吻，這篇墓誌銘便非常大氣了。他說自己學歷低，可是成就不低；曾遭受政治批鬥、病痛纏身等低潮。自我解嘲的語氣很濃，對自己的一生有著獨到深刻的認識，似乎在向後人訴說著：這就是我的一輩子，什麼都經歷了，還算可以吧。

　　戲劇家翁偶虹也為自己寫下了一篇墓誌銘：「是讀書種子，也是江湖伶人；也曾粉墨塗面，也曾朱墨為文；甘作花蟲於菊圃，不厭蠹魚於書林；書破萬卷，只青一衿；路行萬里，未薄層雲；寧俯首於花鳥，不折腰於縉紳；步漢卿而無珠簾之影，儀笠翁而無玉堂之心；看破實未做，作幾番閒中忙叟；未歸反有歸，為一代今之古人。」

　　「寧俯首於花鳥，不折腰於縉紳」，這大概就是讀書人自嘲的本質，在生命即將結束之際，為自己的人生畫上一個圓滿的句號，把幽默進行到底。

【幽默你的世界】

　　當你自身的缺陷無意間被朋友當作笑料，心裡難免會不爽，怎麼辦？跟他鬧翻天嗎？太沒有必要了，而且這樣做也顯得你不夠大度。這時，你不妨巧用幽默來化解尷尬。

　　例如，朋友嘲笑你的平胸為「飛機場」，你可以大方地回答：「我這點像我爸。」當同事嘲笑你怕老婆，缺乏男人氣概的時候，你可以佯裝很有氣魄的樣子，高聲回答：「那是因為上輩子老婆太怕我了，所以這輩子我決定補償她。」

小幽默助你「大交際」

在人際交往中，我們常把人和人之間的關係作為一種重要資源，就像金錢和土地一樣甚至對此進行管理和投資。那麼，如何有效管理與投資才能使這種資源增值呢？毋庸置疑，幽默就可以幫你做到這一點。

對於天氣，有人喜陰，有人喜晴；對於口味，有人喜甜，有人喜鹹；不同的人的選擇各不相同，不過對於幽默和歡笑，世界上恐怕沒有人會拒絕。因此採用幽默這種人見人愛的方式和人交往，誰會不接受呢？

俗話說，萬事開頭難，兩個人剛認識時總會有一些生疏和拘謹。如果雙方能笑起來，就很容易拉近距離。

幽默就是你送給別人最好的見面禮，對方在收下的同時總會帶著笑容。而一旦初次見面就充滿歡笑，那麼後續的交流往往也會很順利。

人際交往中，難免會出現尷尬難堪的局面，幽默能夠幫助人擺脫困境，讓雙方都感到輕鬆，從而使氣氛變得更加和諧，更有利於溝通。

大文豪托爾斯泰平時穿著樸素，是位很隨和的人。有一次，他去火車站接一位來訪的朋友，在月臺上等待時，被一個剛下車的貴婦人誤認為搬運工。那位貴婦人吩咐托爾斯泰到車上為她搬運行李，托翁毫不猶豫地照辦了。搬完後貴婦人付給了他五個戈比。

當貴婦人準備離開時，托翁來訪的朋友下車了，趕忙過來打招呼。站在一旁的貴婦人這才知道眼前為她搬行李的人竟是大名鼎鼎的托爾斯泰，尷尬萬分地頻頻表示歉意，並請求收回那五個戈比，以維護托翁的尊嚴。可是托爾斯泰卻絲毫不把這事放在心上，他擺了擺手，微笑著對貴婦人說：「夫人，請不要收回那五個戈比，因為那是我應得的報酬。」說罷，三個人都不約而同地笑起來，一場尷尬頓時被笑聲輕鬆化解了。

人非聖賢，孰能無過，一些小錯誤、小誤會本身沒什麼，但往往令氣氛變得很尷尬。這個時候，如果犯錯的人還是放不下那個錯誤，那麼其他人就應該用幽默來提醒他：該放下了。

有一位著名的電視主持人隨劇組到中國雲南大理錄製節目。在拍攝某個場景時，主持人拿著手機邊講邊從臺階上走下，一不留神腳下踩空，從臺階滾落下來，臺階很高，她當時穿著短裙，腿部多處受傷出血。工作人員趕緊扶起她要送往醫院，但她卻微笑著說：「大理的景色太美了，讓我為之『傾倒』……」說罷，她用紙巾擦乾鮮血，忍痛堅持將節目錄完。

尷尬的事是常有的，有的人總是在為自己的出糗而後悔不已，不斷回憶那些尷尬的畫面，還不停地嘮叨：「太丟臉了！」對此，我們不如換個角度，幽默地自我解嘲一番，既能讓自己不再耿耿於懷，又讓別人覺得你是個好相處的人。

【幽默你的世界】

幽默是人際關係的潤滑劑，能使氣氛融洽，讓快樂相伴。

例如，一個陌生人不小心踩到你的腳，你可以說：「哎喲，不好意思，傷到你了吧。」相信這句幽默的話語不僅能順利化解彼此的尷尬，且極有可能讓你們快速成為好朋友。

幽默能夠帶來好運氣

　　大家都說，愛笑的人運氣不會差，你是否也發現身邊笑容滿面的人運氣不錯呢？如果你能夠不是「獨樂樂」，而是「眾樂樂」，那麼你的運氣會更好的。從這一點來說，幽默不僅可以感染他人，帶給人們歡笑，更能夠給你自己帶來好運氣，讓你成為上帝的寵兒。

　　在生活中，有的人很容易就獲得成功，而有的人卻總是在失敗的邊緣徘徊；有的人在各種場合都能左右逢源，而有的人卻總是灰頭土臉；有的人走到哪裡，就把笑聲帶到哪裡，總能成為眾人的中心，而有的人卻默默無聞。為什麼呢？幽默讓人與眾不同，好運連連。

　　可以說，幽默就是力量。對於疲乏的人們，幽默就是休息；對於煩惱的人們，幽默就是解藥；對於悲傷的人們，幽默就是安慰。總之，無論你在做什麼，幽默總是很十分有效。

　　在職場中，幽默是一種無形的競爭資本，讓你顯示出獨特魅力。尤其在面試的環節，幽默會為你加分不少。

　　某一日報社應徵採編人員，應徵的人很多，在過五關斬六將之後，包括小王在內的五個人進入最終面試階段。面試官問小王：「談談你應徵這個職位的優勢。」小王不慌不忙地答道：「我之前有過三年的辦報經驗，

對這一行也很有感情。閒暇時，我喜歡讀報紙。每當我看報紙時，我總不自覺地挑錯：題目囉唆，用詞不當，哪個錯字沒有校對出來，版面設計不合理，撞了題、通欄了……甚至有時上廁所，也忍不住撿起別人丟在地上的爛報紙看……」聽到這裡，幾個面試官不約而同地笑了。

最終，小王如願以償地獲得了這個職位。事後他了解到，其實一開始自己並不被面試官看好，因為無論是從學歷還是所學的專業來看，小王都不占優勢，但他的幽默感卻引起了面試官的注意。於是，相比其他人的過於嚴肅，面試官覺得幽默的他更適合這個職位。

由此可見，在嚴肅緊張的面試中，適當地來點幽默，往往可以舒緩情緒，讓你和面試官都放鬆心情，並使對方牢牢記住你，最終讓你在面試中脫穎而出。

當然，有時候，你可能沒有得到面試的機會，但是恰當運用幽默，照樣可以為你爭取到一個機會。

現在很多公司應徵都是透過網路進行，一位求職者寄出履歷後，對方的回覆 E-mail 是「抱歉！未能錄用……」這位求職者心想，反正沒什麼希望了，不如採取幽默的方式作最後一試，於是他就回了一封信：「既然您對未能錄用我的事感到如此遺憾，為什麼不給我一次面試的機會呢？」他的幽默和執著讓應徵人員很欣賞。不久，他得到了這個公司另一個職位的面試機會。

很多現場的人才招募會也不例外。在一個招募活動即將散場之際，人事經理已經在收拾東西了，一個年輕人走了過來，遞上了自己的履歷。經理只希望趕緊結束工作，看了他一眼且面露難色地說：「我們不能僱用你了。因為這裡已經有足夠多的應徵者，我連他們的名字都登記不完。」沒

想到，年輕人不但沒有知難而退，反而氣定神閒地說道：「既然這樣，我看你們還缺少一人。不如您安排我做這份工作，我來專門為您登記職員們的名字。」經理覺得這個年輕人很有意思，於是就和他聊了起來。最後，年輕人憑藉著自己風趣的談吐和自信的風度，成功進入這家企業。

在關鍵時刻，保持幽默，把別人給你的難題順水推舟還給對方，就能為自己贏得機會。

不僅在職場，在愛情及婚姻中，幽默的人也總是很受歡迎。許多女孩公開宣稱自己鍾情於幽默的男士。有這樣一位校園幽默男，相貌平平，身高也就一百六十公分出頭，但令人意想不到的是，平淡無奇的他竟然成為了校花的男友。畢業以後，他們倆很快就步入了婚姻的殿堂。結婚那天，同學們讓當年的校花披露男友追求她的絕招，豈料新娘抿嘴一笑，僅說了一句話：「他是個幽默冠軍！」此話讓大家有些跌破眼鏡，沒想到幽默竟有如此大的魅力。

確實，幽默就是如此有力量，在帶來歡笑的同時還能為你帶來愛情。女孩們為什麼會青睞幽默男呢？原因有很多。首先，幽默的男人會帶來好運氣，無論是面對緊急情況還是重大情況，他總是能鎮定自若，還不忘記用幽默來和他人共享。其次，和幽默的男人生活不會有太多煩惱，因為他總能為你化解掉任何煩心事，讓你的眉頭還未來得及皺起就笑成了花。最後，幽默的男人通常對女朋友會特別溫柔，比如女孩問學數學的男朋友：「我滿臉雀斑，你真的不介意？」數學男溫柔地回答：「當然了，我生來就愛小數點。」女孩在又嗔又怪之餘，心中愛潮也氾濫了。

【幽默你的世界】

很多初入社會的畢業生由於沒什麼經驗，對人情世故也不太了解，因而在面試中屢屢碰壁。這個時候，要想扭轉這種不利局面，幽默便是很不錯的武器。

假如面試官說：「我們需要的是名校的畢業生，但你不是，所以我們不予考慮。」對此，你不妨幽默地說：「比爾・蓋茲也沒畢業於哈佛大學。」

如果面試官說：「你的專業與所申請的職位不相符。」你可以巧妙地解釋：「現在最搶手的就是複合型人才，而外行的靈感也許會超過內行，因為我們不囿於慣性思考，不受固定規範綁架。」

第二章

玩轉文字：妙語生幽默

說好話中話：一語雙關，一石二鳥

「一語雙關」是指利用語意相關或語音相似的特點，使話語具有雙重意義，使整個句子產生言在此而意在彼的效果。使用雙關語，不僅能曲折地表達思想感情，既不明說，又能使相關的人心領神會，而且還能使語言幽默詼諧，引人發笑。

事實上，許多傳統民俗都是一語雙關的。例如，傳統年畫上常見一個胖小子抱著一條大鯉魚，圖個吉利，因為魚象徵「年年有餘（魚）」，預示著來年的生活富裕；而鯉魚有「鯉魚跳龍門」的意涵，比喻事業大步向前。再例如，新娘的床上要擺放紅棗、板栗和蓮子，取其諧音「早立子」，寓意新娘要早生孩子，傳宗接代。

諧音、典故、語氣等都可以形成一語雙關，從中可分為「諧音雙關」和「語意雙關」兩類。

「諧音雙關」是指利用中文字的同音不同字，在特定環境下形成雙關，也就是口頭表達聽起來是一樣的「音」，不過實際是不一樣的「字」，因而產生不一樣的含義。

乾隆二十三年，紀曉嵐為兵部侍郎，和珅當時已經官拜尚書。在一次官員的宴會上，兩人同為宴會上的頭面人物。大家見面寒暄一陣過後，就

入席了，宴會開始。當宴會進行到一半，一位家奴牽著一隻狗從旁而過，和珅一見，笑逐顏開，隨即指著那條狗問紀曉嵐：「是狼？是狗？」眾臣一聽，初不解其意，後見和珅笑容滿面的樣子，頓悟此言之意，遂對著紀曉嵐鬨笑起來。紀曉嵐機敏過人，自然早明白和珅話中之意，因此很謙恭地說道：「回和大人，尾垂是狼，上豎是狗！」和坤一聽，黯然無語，很是尷尬。兩人口語相交，可謂暗藏鋒芒，深刻毒辣。

和珅的話表面看來是個疑問句，是說這是狼還是狗，其實隱含著的意思是「侍郎是狗」。這是利用諧音雙關暗中轉換語意，罵的是兵部侍郎紀曉嵐。而聰明機智的紀曉嵐呢，自然不會被人白白戲弄，因此他很謙恭，先稱呼一下「和大人」，然後才回答其問題：「尾巴下垂的是狼，上豎是狗。」不知底細的人還真以為紀曉嵐是在向和珅解釋狼、狗之別呢，而實際上紀曉嵐的回答是以其人之道還治其人之身，表層是個陳述句，說的是，狼的尾巴是下垂的，狗的尾巴是上豎的，而其深層語意是說：「尚書是狗。」

大家看，諧音相關就像是說話的兩個人在打啞謎，說話的人說出來有一個表面的意思，而他其實想說的是另外的意思。

中文的表達方式較為含蓄，往往一句話有兩個意思甚至更多，而深層的意思只能察言觀色去仔細揣摩。所謂「聽話聽音」，諧音雙關不是那麼好理解，不過，要是能結合說話人的語氣就可以猜出個一二。就像上面這則故事中，和珅在說「是狼？是狗？」時臉上堆滿了意味深長的笑意，要是普通的一句話是不可能使用這麼富有意味的表情的，所以再觀察一下在場的人，紀曉嵐自然也就明白了和珅的「醉翁之意不在酒」。

「語意雙關」是指利用詞語或句子的多義性，在特定環境下形成雙

關。中國末代皇帝愛新覺羅‧溥儀三歲就登基了，在他登基的典禮上，天氣很冷，儀式又很冗長無趣，還不懂事的溥儀很難受，於是大哭大叫。其父攝政王說：「別哭，別哭，快完了，快完了！」這引得文武百官心中嘀咕，認為是不祥之兆，怎麼能說「快完了」呢？

其實，攝政王的那句「快完了」的意思本來是指儀式很快就結束了，是用來哄溥儀的。可是在百官聽來，就是在暗示溥儀皇帝的帝位不保了，甚至大清的命運也即將完結。後來的歷史也應證了此一語意雙關，大清很快就隨著溥儀的退位而畫上了句號，整個封建社會也因此結束。

所以說，語意雙關是說話雙方在交流中的一種博弈，表面上是說桑樹，其實說的是槐樹。對此，聽話的人就要考慮到說話人的態度和立場，然後再作出深一層的理解。比如百官對攝政王的話怎麼會有那麼大的反應呢？其實除了人們的迷信之外，一個最主要的原因就是當時的政局很不穩定，外有列強虎視眈眈，內有大小起義不斷，因此清政府在內憂外患的情況下，對所有的事情都很敏感，尤其是關乎自己命運的事情。

當然雙關也不能穿鑿附會，更不能沒有原因地把不相干的事情連繫在一起。這一點比較有代表性的就是「文字獄」。雖然在中國歷史上幾乎各個朝代都有「文字獄」，其目的是維護自身的統治，但是最為嚴重的就數清朝了，只要是文人，幾乎都曾被編派出和前朝的關係。一句「清風不識字，何故亂翻書」就被指為汙衊朝廷，這本是子虛烏有之事，但是這一句詩確實就犧牲了數十條人命。而究其原因，還是與當時的時局和風氣有關。所以說，要想理解雙關語，結合當時的環境很重要。

【幽默你的世界】

使用雙關，可以使我們的語言變得風趣幽默而又意義深刻，為我們的生活帶來歡樂和便利。舉個例子，如果你想拒絕一位追求者，那麼拒絕的語言選擇就很重要，既要表達自己的拒絕之意，同時又不能傷害對方。

例如，你對追求者說：「別人都說你條件不錯耶。」這句話肯定會讓聽的人欣欣然，但其實你想表達的意思是：「可是我從來沒這樣認為過。」

再比如，你說：「其實你人很好。」這話就像是給被拒者一個安慰獎，而事實上你想說的是：「其實我不想跟你在一起。」

善用文字裡的「多胞胎」：一詞多義勿浪費

我們知道，寫文章講究遣詞造句，務求使用最精確的詞句來表達自己的意思；而相比之下，說話就隨意得多，不會為了一個詞語而糾結半天，但因而出錯的機會也就更多。一般來說，詞語的使用出現什麼問題，和詞語的多義有很大的關係。因為中文的每個詞語往往都不止有一個意思，有的詞語甚至有數個意思，因此如果不考慮到詞語的多義性，就會鬧出大笑話。

例如廣告標語，因為它影響範圍廣，涉及人群多，同時也代表著廣告者的形象，所以在遣詞造句方面尤其要注意。一般來說，廣告標語少則三五個字，多則十幾個字，簡短的語言要表達出千言萬語，精煉就至關重要了。如果不一小心在這方寸之間出現錯誤，那麼糗就出大了。

一次，紐約市的交通管理部門在全市 200 多輛雙層公車外殼上推出了這樣一個巨型車體廣告：一名穿著惹火褲子的性感女郎，擺著惹人聯想的姿勢跪在一堆書籍當中，旁邊是一條響亮的口號：「讀了書就有了頭腦 (Read Books, Get Brain)。」這本來是一句教育意味的標語，可是在推出一週之後，就被換了下來。原因很簡單，沒考慮詞語的多義。

那些古板的交通部門官員沒有想到的是：「有了頭腦」(Get Brain) 在

街頭俚語中的意思就是「口交」。所以這句標語就很容易讓人聯想為「只要讀書就能獲得口交的獎勵」。於是當交通部門官員反應過來之後，認為這大為不妥，匆匆將這條廣告從公車上換了下來。

事後據報導，原來這則廣告的贊助商是紐約當地一家專營另類風格服裝的公司，該公司在構思的過程，將這句話的多層意思考慮了進去，目的是為自己的另類服飾促銷。這個公司也真可謂用心良苦，抓住了多義詞的缺口，對紐約市政府和市民幽默了一下，同時也為自己的產品作足了廣告。

不管你出於什麼居心，反正這些多義的詞語總算是出盡了風頭。可以說，你考慮或不考慮，多義就在那裡存在著，不增不減。所以有人將詞語的多義稱為語言中的雙胞胎，一樣的外表下面是完全不一樣的意思，想要分得清楚，光是看表面意思是不行的，還要結合語境來具體分析。

許多人擅長分析這些多義詞語並且熟練應用。例如明朝著名文學家和書畫家徐渭，他在晚年寫了這樣一副對聯：「好讀書不好讀書，好讀書不好讀書。」這對聯妙在一個「好」字，藉助中文字多音多義的特點，造成耐人尋味的奇妙效果：首先，我們在理解這副對聯的含義時，可以理解為：「小時候正是讀書的好時光，卻不知道讀書重要，年紀大了想好好讀書卻沒有精力了。」 意在告誡後輩珍惜時間，趁年輕好好讀書。一般來說，大家都會這樣理解，並且也比較切合作者的初衷。不過，當我們換個角度來理解時，這副對聯也可以有這樣的意思：「喜好讀書學習的窮孩子，卻沒有優越的條件來學習，整日為生活所累；而有著優越學習環境的富家子弟，卻不喜歡讀書，整日玩樂。」甚至，再延伸思考一下，這副對聯也可以理解為：「有些孩子學習很刻苦，但是沒有找到適合自己的學習

方法，終日苦讀收穫不大；有些孩子很聰明，懂得利用學習方法，但是不肯努力去學習，總是偷懶，也沒什麼收穫。」

後面的這兩個意思，肯定不是徐渭本人想要表達的，但是我們根據「好」的不同讀音和意思，的確可以作此詮釋，甚至還可以繼續延伸，找到不同的解釋。由此可見，詞的多義很重要，你怎麼去讀，去理解，往往能夠給你帶來很多意想不到的感悟。

【幽默你的世界】

利用詞語的多義來化解矛盾，可以有意想不到的效果。

某一日，你的妻子和老媽吵架了，在這個緊急關頭，作為老公兼兒子的你，肯定會很為難：怎麼勸呢？偏袒哪一邊顯然都不妥。對此，你不妨借助詞的多義：「老婆，你是我的半邊天；老媽，您是我的夕陽紅，我就是你們下面的大地。求求你們倆，別再吵了，有什麼電閃雷鳴，就都衝著我來吧。」

給幽默「點睛」：適時停頓，言盡意不盡

懂點音樂常識的朋友都知道，「休止符」是樂譜中的一種音符，用來表示音樂的停頓。也就是說，當樂曲演奏到休止符的時候就會完全停止，留下一段停頓和寂靜，直到下一個音符，音樂才又重新開始。

白居易的〈琵琶行〉中有這樣的詩句：「冰泉冷澀弦凝絕，凝絕不通聲暫歇。別有幽愁暗恨生，此時無聲勝有聲。銀瓶乍破水漿迸，鐵騎突出刀槍鳴。」你看，琵琶女在低低的輕攏慢捻之後，並沒有直接鐵騎刀槍，而是運用了一個休止符，讓聽者在無聲之中感受她內心的悽苦，以及尋求知己的期待。可以說，這個休止符是整首樂曲的重點，而「別有幽愁暗恨生，此時無聲勝有聲」這一句也是全詩的點睛之筆。

文章也好，樂曲也罷，一味地鋪陳，毫不留給欣賞者喘息品味的機會，難免就會讓人覺得太過平淡，毫無節奏。所以說，休止符是這些藝術作品中必要的組成部分。

同樣的道理，與人交流也是如此，如果你只顧著自己呱啦呱啦地說個不停，肯定會讓人覺得聒噪乏味，甚至達不到溝通的目的。與其如此，不如多留些空間給聽者。古人云：「言而當，知（智）也；默而當，亦知（智）也。」意思就是說，說話時停頓是一種技巧，能為你的話語增添情

趣。而與人談話時，我們如能做到適時停頓，就有可能產生出人意料的效果。

　　某個週末，李先生獨自在家，當他穿著拖鞋走出家門，打算拿信箱的郵件，同時替後院的草坪澆水，不料一陣大風颳過，門被關上了。這下糟了，李先生當時身上沒帶鑰匙，而且只穿著睡衣，在萬般無奈之下，他只好向鄰居借電話，請鎖匠來開鎖。

　　鎖匠很快就來了。兩個人先談價錢，李先生也不清楚具體的價格，只好讓鎖匠先開價。鎖匠看了看鎖，說：「開這種鎖……60塊錢。」李先生聽了之後，心裡想：「60塊錢，倒也不貴。」他這樣想著，可是並沒有作聲。鎖匠一看李先生不吭聲，以為對方覺得價格高，於是就有點不好意思地說：「好吧，50塊好了。」李先生這下子驚訝了，心想這個人還自動降價了，這倒是不錯，於是接著還是沒搭話。見此情形，鎖匠想，還嫌貴啊，於是就又說道：「……嗯，現在是晚飯時候了，應該算加班呢，而且你家又這麼遠，就算你45塊吧。」一聽此話，李先生想，其實我根本不知道行情是多少，是你自己先覺得不妥了。這樣吧，再降一降，隨後終於開口道：「40塊錢！」鎖匠聽到價格後，一副如釋重負的樣子道：「好吧，算便宜你了。」

　　你看，在這場談判中，之所以價格能夠一降再降，並不是因為李先生的能言善辯，而恰恰是他的沉默，讓鎖匠的心裡不確定李先生的真實想法，主動降價，這也正應了那句話：沉默是金。很多人在日常生活中都有過類似的經歷，在交際活動中，人們不僅需要藉助有聲語言，更需要借無聲來表情達意。甚至，在某些特定的語言環境中，沉默更能表達出有聲語言所無法表達的概念，為人們增添很多樂趣。

雷根（Ronald Wilson Reagan）是美國著名的總統，為人很幽默，他有個習慣就是口袋裡平時不放錢，大家都知道他的這個習慣。一天上午，全體共和黨人舉行會議，一位多數黨領導人站出來故意說：「總統閣下，開完會之後，我們大家準備共進午餐，如果您也來和我們一起進餐的話，你必須付餐費 10 美元。如果實在沒有，鄙人願解囊相助，以解尊駕拮据之難。」這位多數黨領導人就是知道雷根的習慣，想藉機讓他難堪。

聽完這番話，雷根笑而不答，一陣沉默。後來當大家步入宴會廳時，這位多數黨領導人見雷根不理，覺得沒面子，於是再次提出借錢給雷根，而此時的雷根卻出人意料地從口袋裡掏出 10 美元，得意地在他面前晃了晃。見此情形，眾人都很驚訝，疑惑不解。原來，這 10 美元是會議前有人給雷根拍照做雜誌封面所支付的報酬，於是大廳裡響起一陣歡笑。

雷根一開始時的沉默，其實就是設定了一個懸念，讓人家不知他葫蘆裡賣的什麼藥，甚至以為他是因為拿不出錢而尷尬。但當他最後掏出錢時，不僅順利地使自己擺脫了窘境，同時也為宴會平添了幾分情趣。試想一下，要是雷根一開始就掏出錢，還會產生這種幽默的效果嗎？

所以說，透過停頓可以設定懸念，該說而不說，讓聽者如墜霧中，待時機成熟，突然亮底，風趣十足。

總之，停頓是說話人為了表達某種感情或達到某一目的而有意識地沉默，它常常取決於說話人的心理情緒。在交際中，如果我們能夠巧妙使用停頓，往往就能夠獲得更好的說話效果。因為停頓可以喚起聽眾的注意力和好奇心，當你沉默不語時，聽者通常會很想知道接下來會如何，這樣一來就會將你的話語推到一個小高潮，如果後面再加上大家所意想不到的話，確實是個很不錯的幽默點。

【幽默你的世界】

　　停頓的含義非常豐富，它以最小值的語言形式換取最大意義的交流價值。只要你分清運用的時機和時間長短，往往就可以創造出不一樣的幽默效果，尤其是在宣布自己的某個決定時，巧妙運用停頓效果會很不錯。

　　例如，你一直喜歡某個保健類的電視節目，有一期介紹到了吸菸的危害，而你碰巧是個癮君子，於是，你佯裝信誓旦旦對家人宣布：「我作出了一個艱難的決定……」大家肯定以為你要戒菸了，但是你接著說道：「我以後再也不看這個節目了。」

巧合也可「人為」製造：諧音同指的妙用

諧音是一種修辭格，就是利用中文字同音或近音的條件，用同音或近音字來代替本字，從而產生辭趣。諧音被廣泛運用到生活的各方面，無孔不入，甚至有的諧音運用得出神入化，令人拍案叫絕；有的諧音運用得妙趣橫生，讓人笑破肚皮。

例如我們一般對 3、8、9 這幾個數字尤其是 8 情有獨鍾。因為 3 與「生」諧音，代表生生不息，生意盎然；9 與「久」諧音，代表長長久久；8 與「發」諧音，代表發財、發達。因此人們在結婚喜慶時常挑帶有 8 字的日子，車牌號碼、電話號碼競拍時，8 字越多，開的底價也越高。這樣說起來似乎有點迷信，不過人們總是喜歡個好兆頭，這也是的。

古今的知識分子都喜歡透過玩文字遊戲來顯示自己的才華，而諧音就為他們的這個愛好帶來了很多的創作泉源。比如「二猿斷木深山中，小猴子也敢對鋸（句）；一馬陷足淤泥內，老畜生怎能出蹄（題）」等等，都是很有趣的。另外，文人們一般都很喜歡對對子，當然有的人對得好，有的人對得很生硬。面對才疏學淺之人，人們一般不會直接說「誰誰這個毛頭小子簡直丟臉……誰誰這個老匹夫真不害臊，那麼差勁」，而是拐彎抹角地說「這隻小猴子還來湊熱鬧了……這匹老馬自身難保了吧」等等。總

之，不管怎樣，大家畢竟都是文雅之人，說話不能爆粗，文雅中耍點小伎倆，彼此心知肚明即可。

有這樣一個故事。小王到外地出差，當地的朋友在一個特色飯店的包廂為他設宴接風。男男女女十幾個人落座後便不停地聊天，只有小王一個人在點菜。點好後，小王徵求大夥兒意見：「有沒有要加的？」大家都沒說話，見此情形，小王打算先讓服務員把剛才點過的菜名報一遍，於是就對旁邊那位女服務員說：「小姐，報報。」

服務員看了他一眼，沒動靜。「小姐，報一下！」小王以為服務員沒聽見，就大聲重複了一遍，大家這時都停止了說話，看著服務員。服務員是個年輕女孩，這時臉漲得通紅，還是沒動靜。「怎麼了？讓你報一下沒聽見？」小王有點著急了。這時，一位大姐怕小王生氣，趕緊打圓場：「小姐，你就趕緊逐一報一下吧，啊？」 小姑娘囁嚅著問：「那，那……就抱女的，不抱男的行嗎？」眾人先是面面相覷，然後哄堂大笑，前俯後仰，小王也轉怒為笑。

原來，這位女服務員是把「報」聽成了「抱」，而小王呢，還一個勁兒地催著服務員「抱抱」，難怪小姑娘被嚇得膽顫心驚，最後鼓起勇氣要求只抱女的。呵呵，多純樸的小姑娘，為了工作都豁出去了。

你看，不經意間，諧音就能給我們帶來很多笑料。而事實上，中華文化博大精深，中文字是我們文化的傳播符號，經過了數千年的演變和創新，是精確而豐富的。相同的一個音，就有幾個、幾十個、上百個的中文字在共享著，這是多麼龐大的資源。除此以外，還有音近字，那就更多了。在生活中，各地的方言也會產生很多的諧音，帶著外文腔的……

由此可見，諧音無處不在。這一點在廣告中展現得很明顯，近年來很

多諧音廣告都能讓我們印象深刻。例如兒童營養品的廣告：「聰明的媽媽會用心（鋅）。」眾所周知，鋅是兒童智力發育所必需的元素，但是大家對它的認識並不是很多，因此這個廣告可以說讓更多的家長注意到了這個問題，注意到了對孩子的鋅的補充，當然其產品也很受大家的歡迎。

另外還有很多的諧音廣告語也十分有趣。比如某個金店的廣告語「一代（戴）天（添）嬌」，讓女人們很是追捧；還有一種電蚊香的廣告語「默默無聞（蚊）」，宣傳的是安靜高效的滅蚊產品。這些諧音成語廣告頗具創意，讓我們耳目一新，也很有些趣味。

【幽默你的世界】

生活中，巧妙使用諧音可以讓我們的語言風趣幽默，很受歡迎。

例如，恭祝別人高升，你可以說：「哎呀，趙兄，您是產房傳喜訊 —— 生（升）了啊。」

但是我們也要注意到諧音很容易產生誤會，比如，不能說「是老王吧（王八）？」或者是「老劉忙（流氓）嗎？」，這樣就會讓對方很尷尬，答也不是，不答也不是。

再比如，一位年輕的護士在採血時不是很熟練，扎了幾針都沒出血，你可以問她：「你是姓李吧？」她會問你怎麼知道，你揶揄她道：「你就是傳說中的李時珍（十針）吧？」

荒謬斷章，取君所需：掐頭去尾幽默法

《詩經·邶風·擊鼓》中有這樣的詩句：「死生契闊，與子成說。執子之手，與子偕老。於嗟闊兮，不我活兮。於嗟洵兮，不我信兮。」這是描寫戰士之間的約定，意思是要一同赴死。現今在人們總是喜歡擷取「執子之手，與子偕老」這句話來形容愛情與婚姻中的相濡以沫，白頭到老。這其實就是斷章取義，不考慮原來的語境，直接切下來，以自己的意思來理解。

在現實生活中，斷章取義的現象很常見，人們為了得到自己想要的，往往就直接切下有用的，其他的棄之不理。這本來是無可厚非的，不過很多的掐頭去尾倒是為幽默準備了不少素材。

舉個例子，生活中我們經常會用到簡稱，比如清華大學簡稱為「清大」，高等微積分簡稱為「高微」……這樣一系列的簡稱讓生活更便利，讓我們在和這些名詞打交道時不必那麼囉哩囉嗦。不過，這些省略過程中一旦引起歧義，就會鬧出很多笑話。

簡稱是為了方便，但要是隨著自己的心意隨興發揮，就會出現很多笑料。

有一個這樣的小故事。李大明是個冒失鬼，二十初頭，什麼都好，就

是說話顛三倒四，辭不達意，到了婚娶的年紀，也沒有媒婆上門來提親，家裡人十分擔心，就拿出了八串錢，叫兒子出外學說話，回來好去相親。

李大明拿著錢出門往前走，來到一片樹木旁，看到有兩個人在那裡閒逛。樹林裡一派鳥雀聲喧，忽然一隻老鷹飛來，鳥雀全都安靜了。那人說：「真是一鳥入林，百鳥啞音。」大明覺得這句話不錯，趕緊給那人兩串錢，要他把這兩句教給他。大明學會後，又往前走，走到一個池塘邊，只見池裡水清見底。這時，從池邊走來兩個人說：「一塘好清水，就少魚打混。」大明又上前給那人兩串錢，請他教這兩句話。大明學會後，接著往前走，走到一條小河邊上，河上有一座獨木橋，從河那邊過來一個人，見橋窄不好走，就說：「雙板橋好過，獨木橋難行。」大明聽了，給那人兩串錢，要學這兩句話。大明學會後，又往前走，來到一個村子裡，看到一群小混混在一起吃吃喝喝，無所事事地閒著，一位老太太嘆著氣說：「物以類聚，人以群分，臭韭菜不打捆。」大明又央求著老太太教會他這句話，隨即也給了她兩串錢。學會這幾句話以後，錢也用完了，大明於是就回了家。

村裡人都聽說大明出去學說話了，因此第二天就有媒婆上門來提親。大明隨著媒婆到了未來的岳父家。未來岳父聽說未過門的女婿今天要來，而且是剛從外面長了見識回來，就請了親戚朋友在家裡聊天。大家正在閒敘，看見大明進屋，同時停下話題。大明想起了自己前天學的第一句話，因此張口就說：「一鳥入林，百鳥啞音。」眾人一聽，暗想這話說得不錯呀！坐下以後，大明端起茶杯又說：「一塘好清水，就少魚打混。」岳父聽了，心想：他這是說我不該只給他清茶喝。於是趕緊讓人煮一碗糖水荷包蛋端上來。頃刻，荷包蛋煮好了，女孩的姐妹們要和大明開個玩笑，因

此就只給了他一根筷子。大明一看碗上只有一根筷子，不禁想起了第三句話，所以脫口而出道：「雙板橋好過，獨木橋難行。」岳父一看，原來只有一根筷子，遂叫人拿來一根，配成一雙。大明吃完，忽然想起那個老太太說的話，就衝著那些親朋好友說道：「物以類聚，人以群分，臭韭菜不打捆。」一聽此話，眾人氣得把他轟了出去。

李大明不分場合，把「學」來的話隨口就說，曲解了原來的意思，弄得大家哭笑不得。而實際上，胡亂地斷章取義也是這樣的，不管是什麼意思、什麼情況，只要自己覺得對，拿過來就用。這種做法雖說有時候可以矇混過關，讓聽者覺得言之鑿鑿，但其實根本就是瞎貓碰上了死耗子。

正確地借鑑他人，可以讓我們的語言錦上添花。但是很多時候借鑑的材料需要刪改和再創造，才能達到為我所用的目的。否則，要是把做西餐的材料拿來做中餐，就真的是斷章取義了，不僅白白「浪費」了材料，還可能成為大家的笑柄。

【幽默你的世界】

巧妙運用他山之石來攻玉，拿別人的話來創造樂趣，這種幽默之術確實是個很不錯的方法。

好比面試時，向面試官介紹完「我特別能吃苦」後，不妨來個急轉彎，笑著說：「哦，我只做到了前面五個字。」這樣一來，你的這句幽默往往就能博得眾人一笑，從而給面試官留下深刻的印象，增加面試成功的機率。

再比如，同學聚會，大家都談到了自己兒時的理想。不妨感慨著說：「我小時候想當警察叔叔，現在看來我只實現了後面的一半。」

第三章

出其不意：意外的幽默

明貶實褒：意外的「批判」更具讚美效果

　　有些性格實在的人總是喜歡說老實話，做老實事，直來直往，毫不隱諱，甚至與人交流時，該貶則貶，該褒則褒，不會或不屑於繞彎子、兜圈子。其實，這種直白做人的方式有些時候未免欠妥，因為說話做事帶點小技巧，不僅可以讓大家都高興，還能在無形中給自己帶來不少歡樂。

　　批評別人時要注意分寸，適合的方法往往比內容更重要；表揚別人時，也不是一味的溢美之詞。你這麼誇，他也這麼誇，大家說來說去都差不多，也沒有什麼意思了。如果能換個說法，不正面褒揚對方，而是寓褒於貶，更能帶來意外和獨特的誇讚效果。

　　熟悉《紅樓夢》的朋友都知道，工於心計的王熙鳳就是個誇讚高手，誇誰有誇誰的方法，並且她在誇讚某個人時，也會照顧其他人的感受。比如，她在誇黛玉時說：「天下竟有這樣標緻的人，我今天算看見了！」這是誇到了極致，後又接道：「況且這通身的氣派，竟不像老祖宗的外孫女兒，竟是嫡親的孫女。」每個人都誇到了，三位小姐和賈母也很高興。

　　在對待賈母時，王熙鳳更是想盡了心思來哄這位老太太開心。賈母因賈赦要討鴛鴦為妾而生氣，還牽連了其他人。可是等老太太氣消了，又笑怪王熙鳳事先不提醒她。鳳姐兒笑道：「我倒不怪老太太的不是，老太太

倒尋上我了？」這句話立刻引起了眾人的注意，大家都想聽聽她怎麼說老太太的不是。而鳳姐兒呢，此刻卻鎮定自若，不慌不忙地解釋道：「誰教老太太會調理人，調理的水蔥兒似的，怎麼怨得人要？我幸虧是孫子媳婦，若是孫子，我早要了，還等到這會子呢？」賈母笑道：「這倒是我的不是了？」鳳姐兒笑道：「自然是老太太的不是了。」

這段對話就很耐人尋味。從表面上看，王熙鳳是在笑嗔賈母的「不是」，而實際上呢，賈母也沒什麼錯，錯在她的那個好色的兒子身上。所以乍一看，王熙鳳是在怪罪賈母，其實這是更加巧妙地奉承賈母。為什麼這麼說呢？因為王熙鳳說，要怪就怪老祖宗會「調理」人，她老人家不應該把這位鴛鴦「調理」得像「水蔥似的」那樣招人喜愛。

大家看，在這裡，王熙鳳把鴛鴦比成俏麗清新的「水蔥」，很貼切，在一旁的鴛鴦聽了，心裡自然舒服，雖然自己心裡苦，但世上有哪個女子不喜歡聽別人誇自己長得漂亮呢？當然，王熙鳳的重點不是讓鴛鴦高興，而是透過誇讚鴛鴦，間接讚美老太太的調教能力，是在變著法兒讓老太太高興。

接下來，為了進一步說明賈母把鴛鴦「調理」得貌美無比，王熙鳳還開玩笑地說自己幸虧是孫子媳婦，如果是孫子，她早就把鴛鴦給要去了。這更襯出鴛鴦的美麗可人，可見賈母的本事和功勞也就更大了，這話就說到了老太太的心坎裡，她怎麼能不高興呢？

所以說，王熙鳳的這番恭維話說得可謂巧妙至極，滴水不漏。她在那裡說了半天的「不是」，其實是把讚美之意拐著彎地說給賈母聽。由此可見，當我們想要讚美、恭維某個人時，事先一定要想好說詞，先講什麼，後講什麼，怎麼講最動聽等等，只有事先周密地考慮這些細節，才能達到「看似在貶，實則為褒」的好效果。

當然，話又說回來，與人交流，也沒必要總是像王熙鳳那般工於心計和諂媚，不過不管怎麼說，她誇讚人的技巧還是值得學習。畢竟每個人都喜歡得到他人的肯定。但是，東方人向來是很含蓄和謙虛的，聽到別人的誇讚往往會覺得不好意思。就是這種有點矛盾的心理讓人很難拿捏，那麼到底如何誇讚別人才能讓對方聽起來更舒服呢？

這個時候不妨試試「反彈琵琶」，採取「糖衣」式的批評，這種方式往往不那麼張揚，同時又能讓對方苦在嘴上，甜在心裡。有些誇讚帶著批評的「風格」，而這樣做的原因是出於對某人的喜愛。例如，父母樂見自己的孩子用功念書，卻常和別人說「我家孩子不會玩，老是悶在家裡」。「不會」字面上是貶義，但家長所強調的是褒義，即「孩子愛念書」。而家長在說這些話時，臉上往往也帶著笑意。

再比如，女人談論自己的丈夫，也喜歡「口是心非」。「哎呀，那個死鬼，就知道花錢，一條裙子一千多哪……」這是在誇自己老公捨得為自己花錢；「你看人家哪個男人不是整天在外面闖，我們家的沒出息，老是下班就往家跑」，這是在誇自己的丈夫體貼關心自己。

總之，這些看起來有些小炫耀的「批評」實際上是最貼心的讚美，表達出了真摯的情意，而聽眾往往也心知肚明，一笑了之，同時內心湧出無限的嫉妒。

【幽默你的世界】

明貶實褒的讚美術適用於關係密切的人之間，這種方式可以大大縮短彼此的心理距離，突顯關係的親密，也就是俗語說的「打是情，罵是愛」。

比如，看到妻子整日操勞而埋怨生活太累的時候，作為老公，不妨這樣對她說：「唉，親愛的，妳太傻了，為了這個家，妳總是把自己給忘了。」

再比如，公車上，你看到一向樂於助人的好友忙著讓座給別人，不妨對他說：「你真是個自私自利的傢伙，為了別人，把困難和不便都留給了自己。」

正面的話不妨反過來說：反襯的幽默藝術

生活中總有一些不方便說、不允許直說的話題，若從相反的角度進行，往往能軟化語意，令語言交流更順利，並且讓對方在比較舒服的氛圍中接受訊息。

所謂「正話反說」，即用反語來揭示他人的意圖，表面上看似反對自己，其實是反對他人，是一種偷換概念。

例如當我們與人辯解，遇到不能認同他人觀點的時候，正面反駁誠然擲地有聲，並能直接表明自身觀點，但同時也使對方下不了臺，讓交談氣氛變得尷尬。而且一旦遇到度量小的人，也許因此心生恨意，衍生不必要的麻煩。

此時正面反駁就不如曲折迂迴的「正話反說」戰術有效。首先認同對方的觀點，並且順著他的思路繼續往下延伸，誇張地描述，極致地推理，最後得出一個荒謬的結論。這時，明眼人都看出來是怎麼回事，自然也就不用點破了。

古代臣子在勸諫時經常採用這種方法。五代後唐時期，唐莊宗愛好打獵，經常和隨從出圍涉獵。一天，他來到某縣圍獵，跟隨的大隊人馬亂踩民田，當地縣官聞訊趕來，攔馬勸諫，訴說百姓疾苦，不可隨意毀田。豈

料，莊宗當時正在追趕一隻鹿，興頭正濃，因此火冒三丈怒斥縣官，縣官嚇得抱頭逃竄。見此情形，圍觀的百姓們也不敢再言語。

這時，一名叫敬新磨的優伶，急忙率領同伴窮追，抓回那位縣官，並振振有詞地痛罵道：「你身為縣官，難道不知道我們的天子喜歡打獵嗎？你為何要教唆這些老百姓種田交租呢？你就不會把這裡的老百姓都趕走，把這裡的田地都空出來，以供我們的皇上馳騁打獵？你真是罪該萬死！」

敬新磨說完，回頭請求莊宗立即處死縣官。莊宗聽了以後，不由大笑，知道自己剛才行為失當，趕緊放了縣官，並下令人馬不准再踐踏農田。

常言道「伴君如伴虎」，在莊宗火冒三丈時，如果敬新磨再像那位縣官一樣直言死諫，不但幫不了百姓，恐怕連自身都難保。但是聰明的敬新磨並沒有這樣做，而是「虛偽」地順著莊宗的意思，要求縣官讓老百姓餓死，空出土地讓國王打獵。如此正話反說，反而使莊宗知錯，迷途而知返。

在正話反說時，若同時使用極度誇張的手法，放大某個事理，更能顯示其荒謬性，讓人很快醒悟。如同一場劇情誇張的喜劇，語言豐富有趣，結局也很美滿。另一種情況，正話反說需要逐一陳述，沒有誇張的語言，只是平淡地敘述。然而在細細看過後，才發現全是反話，如同一則黑色幽默，讓你在笑的同時出點冷汗。

有一則宣傳戒菸的公益廣告，列舉了吸菸的四大好處：一是省布料：因為吸菸易患肺癆，導致駝背，身體萎縮，所以做衣服不用那麼多布料；二是可防賊：抽菸的人常患氣管炎，整夜咳嗽不止，賊以為主人未睡，便不敢行竊；三是可防蚊：濃烈的煙霧燻得蚊子受不了，只得遠遠地避開；四是永保青春：不等年老便可去世。

大家看，這則宣傳戒菸的廣告就是以正話反說的形式，非常委婉、巧妙地列舉出了長期吸菸的四大危害，人們會心一笑的同時，深刻領悟到戒菸對身體健康的重要性。吸菸危害的大道理，癮君子往往聽不進去，但是運用正話反說，以抽菸的「好處」來反襯吸菸的害處，更能達到勸說的目的。

正話反說是一種巧妙的語言表達形式，當你覺得「正話正說」無效，不妨換個方式，學一學「正話反說」，結果往往會好得多。

【幽默你的世界】

在恰當的時機和場合運用正話反說，能讓人們在語言的反差中感受到幽默的力量，從而在平凡中發現不平凡，甚至化腐朽為神奇。

比如，當你和妻子聊天的時候，不妨對她說：「親愛的，我覺得在我們家裡，我就像大拇指，而你呢，就好比小拇指。」妻子聽了這話，肯定有些不高興。這個時候你就可以補充說：「大拇指粗壯有力，小拇指纖細、靈巧而且可愛，難道你願意顛倒過來嗎？」這樣一來，不但平息妻子的不滿情緒，且同時博她一笑。

欲擒故縱：想讓他離你更近，就把他放得更遠

「欲擒故縱」是兵法三十六計的第十六計，描述如何克敵致勝，即想要擒住敵人，就要先故意放開對方，使其放鬆戒備，充分暴露，更容易抓住對方。這種古代作戰策略，用在現代人際交往中，同樣帶給我們很多啟發。

小劉是某公司職員，他經常在公司附近的家常菜飯館吃午飯，逐漸和飯館老闆混熟了。一天，他又來到這裡吃飯，發現米飯煮得很失敗，半生不熟，便請服務生把老闆叫出來。小劉指著桌上的飯菜笑著對老闆說：「老闆，幾天沒來這裡吃飯，我發現你們飯館的菜色豐富多了，就連米飯的樣式也多了。」一聽此話，老闆心裡很高興，但是隨即又充滿了疑惑，心想：不對啊，米飯只有一種，何來的樣式豐富啊？看到老闆沉默不語，小劉又解釋說：「你看，有生米飯，有熟米飯，有半生不熟的米飯，這不是花樣繁多嗎？」老闆恍然大悟，很不好意思地對小劉連聲道歉，請服務生立刻幫小劉更換主食。從此，這家餐廳每次推出新菜色，老闆都會請教小劉的意見。

機智的小劉發現飯沒煮熟，並沒有直接向老闆抱怨米飯不好，而是先誇菜好，接著又「誇」飯也好，誇得老闆很高興，只是這飯好沒看出來。

然後，小劉才說出批評，原來是飯沒煮熟，怪不得是「樣式豐富」呢。對於如此風趣幽默的批評，老闆必然樂於接受，並且從此虛心接受小劉的意見，相信從此以後，兩人之間的關係會越來越好。

誠然，當我們向別人提意見，直接簡單沒什麼不好，但要視情況靈活改變策略，若不分場合、一味單刀直入，不僅發揮不了效果，反而會引來不必要的麻煩。「曲徑通幽」的交流方式在某些情境下比「直搗黃龍」更有效。

想要欲擒故縱，首先要讓對方放下心理上的戒備，也就是先要麻痺對方，讓他掉以輕心，然後再想辦法破解。

有這樣一個笑話：一天，皇帝下聖旨：誰說的謊話能讓他不相信，就賞他 100 兩銀子。結果每天進宮說謊的人川流不息，但無一人得賞。

這天，有個老農走上殿來，一本正經地對皇帝說：「以前我聽我爺爺講過，50 年前先皇落難到我們那裡，吃了我家兩個雞蛋。當時先皇承諾說，回宮後連本帶利百倍奉還。不知道這句話陛下您相信不相信？」一聽此話，皇帝心想，兩個雞蛋算什麼！不要說兩個，就是十個也照樣還得起。因此皇上就毫不猶豫地脫口而出道：「我相信。」

聽了皇上這句話，老農就讓大臣馬上算帳，要求皇上兌現這個承諾。可是大臣算到 40 年就嚇了一大跳，再算到 50 年，數目就更大了，見此情形，皇上連忙對那位老農說：「你這謊說得太大了，我不相信。」老農哈哈大笑，最終得到 100 兩賞銀。

事實上，老農的這個巧妙「謊言」在於對先皇承諾的「設計」上，表面上看只是兩個雞蛋，因此就造成了讓皇上放鬆心理戒備的作用，因為皇上覺得區區兩個雞蛋實在是太容易滿足了，所以就一口咬定自己相信這個

謊言，也就是承認這個承諾的真實性。但是這兩個雞蛋在利滾利之後，數額是非常龐大的，所以自以為聰明的皇帝最後只能退而求其次，不相信這個謊言，最後讓老農如願以償地達到了目的。

由此可見，在運用「欲擒故縱」的口才術過程中，為了達到「擒」的目的，怎樣去「縱」就顯得很重要。「縱」的目的就是為了讓對方放鬆，不要有什麼顧慮。所以我們一般採用的方法就是用讚美之詞去麻痺對方。因為無論是誰，聽到讚美之詞都會心花怒放，從而放下戒備。

從前，有位宰相請理髮師幫他修臉。理髮師為他修臉修到一半時，忽然停了下來，眼睛眨也不眨地看著宰相的肚皮。

宰相發現理髮師停下來發愣，心裡很是納悶，就問道：「你為什麼不好好修臉，卻看我的肚子？」理髮師答道：「聽人們說，宰相肚裡能撐船，我看大人您的肚皮並不大，怎麼可以撐船呢？」宰相一聽，哈哈大笑起來，笑著對理髮師說道：「那是講宰相的心胸寬廣，能容得下天下大事，不會對雞毛蒜皮的小事斤斤計較。」

理髮師一聽這話，立刻跪倒在地：「啟稟丞相，小人該死，剛才為您修臉時一不小心將您的眉毛刮掉了，望您開恩，饒小的一命。」一聽說自己的眉毛被刮了，宰相頓時怒不可遏，可正當他準備發作時，忽然轉念一想：剛才自己還講宰相的肚量很大，現在怎麼能為這件小事給他治罪呢？如此豈不是顯得我太沒有氣量了？想至此，宰相心中的怒火平息了，他無奈地對理髮師說：「沒關係，用眉筆把眉添上吧。」理髮師千恩萬謝。

這個理髮師很會揣摩宰相的心理，他心裡很清楚，由於自己的疏忽，把堂堂宰相大人的眉毛給刮掉了，要是直接當面承認肯定會惹禍上身，甚至弄不好小命就丟了。因此，聰明的理髮師轉變策略，先假裝不懂「宰相

肚裡能撐船」的含義，引導宰相自己說出不會追究小事，替宰相戴了一頂心胸寬廣的高帽，接下來才承認自己的錯誤。這樣一來，有了自己的「肚量大」在先，宰相也不好再追究，於是理髮師也就脫罪了。

【幽默你的世界】

　　欲擒故縱是一種很聰明的說話方式，通常先給甜頭，再來大網，讓被擒之人也心服口服。

　　例如，當老師向你反應，你家的孩子在上課時不認真聽講，和同桌小朋友玩鬧，而且當老師要他承認錯誤時，孩子就是不肯認錯。對此，不妨在孩子回家後，先問孩子和同桌的同學關係如何，先聽孩子滔滔不絕地講兩個人怎麼一起玩，關係怎麼好。接下來，再細細追問玩耍的具體情況，孩子自然就把上課時玩鬧的情況也說出來了，這時再說服教育孩子，效果會更好。

明修棧道，暗渡陳倉：從正面迷惑對方

「明修棧道，暗度陳倉」是指從正面用明顯的行動迷惑對方，使人不備而攻其側翼，也指暗中進行活動。想要達到「暗渡陳倉」的效果，表面上的偽裝工作就要做好，下足工夫，才能迷惑對方。此外，既然「棧道」是修給對方看的，就要投其所好，對方喜歡什麼就怎麼修，從而牽制住對方的想法，讓他的思路跟著我們走。

舉個事例。劉墉是乾隆年間的一代名臣，他為官清正，機智聰敏，為後世留下很多佳話。一次，為了查明一件謀反大案，劉墉喬裝成一位算命先生，在市井中測字算卦，以利蒐集情報，同時也便於迅速接觸到案件中的主要人物。

這天，劉墉照例來到街上擺攤算命。不一會兒，一個二十幾歲的青年來測字。劉墉早已對他有一定了解，知道他是謀反集團中的主要領袖，因此馬上就遞過筆墨，讓他寫一個字。青年不假思索，隨手寫了一個「休」字。由於已熟悉對方的身世背景，劉墉佯裝一本正經地對他說：「按這個『休』字來看，其意吉凶參半。『休』乃一人依木之象，草木屬陰，看來先生幼年早孤，可是否？」

聽罷此話，青年不禁一驚，欽佩地點了點頭。劉墉不慌不忙接著說：「只是木不能言，令堂口齒似乎不便利。」青年聽罷，更是愕然，進而想到自己聲啞的母親為了養育自己所付出的艱辛，臉上不由得流露出了幾分悔恨之意。

觀察到青年和母親的感情很深，劉墉心中竊喜，但仍不動聲色地說道：「請莫怪我直言，這『休』字不成『體』，恐怕你小時候不成體統，是個浪蕩兒。『休』可折十八成人。十八歲以後，你才立志改過，浪子回頭。可惜此時令堂人已就木了。」說到這裡，劉墉長嘆一聲，而那個青年呢，此時早已是淚流滿面。

見此情形，劉墉趁熱打鐵，好心好意勸道：「你不必難過，將來必有後福，可報先慈於地下。」青年有些不相信地搖了搖頭，劉墉馬上把紙遞過去說：「請看紙的背面。」青年把寫著字的紙翻過來，仔細一看，竟然是一個「兵」字。劉墉此時又說道：「你是個諳熟兵刃的好漢，武功了得，應該入為行伍；這『兵』字實系橫倒之『木』，人臥倒木之上，雖樹倒，而先生自可無恙。後半生的事業恐在其中了。」

聽了劉墉這番話，青年恍然大悟，隨即付帳離去。幾天後，這個青年主動投降於朝廷，並在劉墉手下辦差，後來還立了不少功勞。

一番測字就讓一個謀反集團的小頭目倒戈，為朝廷效命，這需要何等高明的策略和嫻熟的口才？而劉墉就具備了這些特質。他語言誠摯有理，讓人信服，整個說服過程條理分明，有條不紊。當然，最重要的是劉墉採用了「明修棧道」的策略。在整個測字過程中，劉墉始終站在青年的角度來思考和闡述問題，不讓對方察覺是在有意引導。劉墉首先讓青年信服自己測得很準，說出了他悽苦的身世；接著，圍繞著青年的母親，一點一滴

地誘導其棄暗投明。整個過程可以說是一氣呵成，而能夠達到如此效果，主要得益於劉墉精心修建的「棧道」，即母子情誼，這一點是青年最看重的，因而容易地俘獲他的心。

由此可見，不管外表看起來多麼堅強的人，內心深處都有自己的「軟肋」，且可能本人並未意識到這一點。一旦我們用語言觸及此處，往往能化被動為主動，從心理上「俘虜」對方，戰勝對方。

有的人看重親情，有的看重義氣，有的看重自己的面子。很多歷史上的「大人物」對自己的面子尤其看重，喜歡別人的奉承，而這一點，也恰恰就是他的軟肋。

明朝皇帝朱元璋，為了滿足自己「永坐江山」的欲望，決定在宮殿的壁上畫出天下江山圖，召來一位著名的畫師以完成此願。畫師深知朱元璋脾氣不好，經常因為一點小事責罰人。而且這江山圖可是大任務，萬一自己畫出來不合皇上意，會遭大禍，但又不能直接拒絕。於是畫師想了想，對朱元璋說：「微臣未嘗遊遍名山大川，豈敢亂塗，所以還是請皇上畫一個輪廓，微臣再來潤色。」朱元璋聽了很高興，當即揮動大筆，胡亂畫了一張草圖，讓畫師潤色。畫師假裝看了一會兒，又說：「皇上江山已定，豈敢動搖！」這句恭維話讓朱元璋聽得很順耳，於是就收回了讓畫師作畫的決定。

實際上，這位畫師所運用的勸說技巧就是「明修棧道，暗渡陳倉」，他先是說服朱元璋為江山圖畫個輪廓，然後話鋒一轉，誇獎其「江山已定」，無須再動筆潤色。這樣一來，本來就好面子、喜歡聽恭維話的朱元璋，最終也就欣然同意不再讓畫師作畫。如此寥寥幾句的簡單溝通，不僅滿足了皇帝的虛榮心，同時又為自己解了圍。

【幽默你的世界】

　　「明修棧道，暗渡陳倉」既是一種幽默的智慧，也是一個人良好內涵和修養的展現，運用這種口才術與人交流，往往能表事理於機智，寓深刻於輕鬆。

　　比如，你的孩子不喜歡吃蔬菜，身為媽媽的你可以這樣引導他：「寶寶，你不是經常跟媽媽說長大了你要當警察嗎？可是你想當警察，小時候就必須多吃蔬菜，這樣才能身體棒棒的，才有力氣去抓壞蛋啊！」

語言裡的「游擊戰」：指東打西，轉移視線

「指東打西」是幽默技巧中最常見的一種，其中運用了所有幽默思維的邏輯，可以說是大多數善用幽默、口才極佳的人最常使用的方法。運用這種方式與人交流，既可以達到自己的目的，又不授人以柄，避免正面衝突，可謂一箭三雕。

三國時期，劉備以四川為根據地時，一度因乾旱而禁止百姓私下釀酒。為了讓老百姓徹底執行這個命令，劉備還規定：凡是被搜出家中有釀酒器具，無論是否已經釀了酒，一律定罪處罰。此「霸王條款」一出，眾人都覺得不太合理，但一時之間又不知道該怎樣勸諫劉備。

一天，簡雍和劉備一同出遊，看到路上一對男女同行，簡雍裝作緊張兮兮的樣子對劉備說：「主公，你看，那對男女似乎準備通姦，你為何不把他們抓起來？」劉備很驚訝地反問道：「你如何得知？」簡雍幽默地回答說：「因為他們身上都帶著姦淫的器官，就如有釀酒器具的人。」劉備一聽恍然大悟，隨即哈哈大笑，並很快下令廢除之前所定的那個「霸王條款」。

簡雍為了勸諫，先是指東打西，不直接說禁酒的命令，而是以一對男女來論究，只因為帶著性器官，就誇張地推論出他們要通姦，顯然是不合

理的。而由此事影射到禁酒之事也是如此，不合法理。所以劉備在大笑過後，心中有悟，廢除了不合理的刑罰。簡雍的這番勸諫之辭，就是指東打西，話裡有話。

這種指東打西的勸諫術在宋朝時也有人採用。宋高祖時期，一次，宮廷廚師煮的餛飩沒有熟，皇帝大怒，把廚師關進監獄。侍臣們想求情卻不知怎麼勸皇帝。

沒過多久，皇宮內表演節目逗皇帝開心，兩個演員扮作讀書人的模樣，互相詢問對方的生日時辰。一個說「甲子生」，一個說「丙子生」。這時另一位演員來到皇上面前說：「這兩個人都該關進監獄。」皇上覺得不可思議，便問為什麼。這個演員便說：「甲子、丙子都是生的，不是與那個餛飩沒煮熟一樣嗎？」皇帝聽了笑起來，知道了他的用意，因此主動赦免了那個「餛飩生」師傅。

這位勇敢向皇帝進諫的演員很聰明，在大家都不知道該怎麼勸皇帝赦免那位廚師的情況下，別出心裁地透過表演，將「生辰」巧妙地和「餛飩生」扯上關係，終於使皇上腦子開竅。這種做法實在妙不可言，同時推理語言婉轉，表達含蓄，蘊含了豐富的趣味。讓皇帝在開心地笑的同時，也救了那個「餛飩生師傅」。

用相似的事物，拐彎抹角地說明要表達的事情，就是一種模擬的推理。透過這種推理，以明顯易懂的事物來說明較複雜的事情，進而達到指東打西的好效果。

有一位總經理，送了一張交響樂音樂會門票給負責管理效率的主管。而作為回報，這位主管繳交了一份欣賞報告 ——

「40 位小提琴手都拉一樣的音，太多餘，可刪減部分人員，必要時可

以使用擴音器來加大音量；黑管樂手演奏的時間很短，因此應刪減他們的人數；沒有必要讓管樂器重複弦樂器已拉過的音節，所以應該刪去重複的音節，這樣就可以讓演奏時間縮減到 20 分鐘。

據此建議：公司的關鍵人物必須要有遠見，不要被一些毫無意義的會議和公文所牽絆，而要把時間花在必要的事情上。」

這項報告很特別，同時也很耐人尋味。這位認真的效率主管，可能不大明白音樂創意，但他卻是一位十足的幽默勸諫專家。聽音樂會這樣一件尋常的事，竟能夠發掘出如此多的建議，可謂用心良苦。

其實，這位主管叮不是裝傻充愣，而是巧借音樂會的機會來向總經理提建議，實在是一位指東打西的高手。試想一下，如果他只是很單純地提交一份效率報告，勢必不會引起總經理的注意，對於他以後的發展無疑也是不利的。

由此可見，指東打西是一種大智若愚的智慧，既能娛樂彼此，同時又能讓對方明白你的真實意圖，甚至還能防止在交流中產生的衝突。

【幽默你的世界】

指東打西，言在此而意在彼，往往能產生意外的效果。

例如，和女朋友約會，你不妨對她說：「親愛的，妳跑了一天了，很累吧？」她會問：「我哪裡跑了啊？」你可以溫情脈脈地回答說：「妳在我的腦海裡跑了整整一天。」

再比如，某次你去一個吝嗇的親戚家做客，對方招待你的菜餚裡連根肉絲也沒有。對此，不妨先自稱視力不好，然後借副眼鏡，隨即大謝主人太破費。這個時候對方會說：「沒什麼菜啊，怎麼說破費？」此時你就可以指著盤子說：「這不是菜，難道是肉不成？」

第四章

歪解一下：變通顯幽默

巧妙歪解：理不歪，笑話不來

　　路人大多喜歡走筆直平坦的大道，因為便捷安全，能順利到達目的地；不過有時候彎曲的小路也別有一番韻味。同樣，嚴肅的說教有時必不可少，但若加入一些歪理，反而更能深入人心，帶給人不一樣的感悟。

　　才子紀曉嵐的軼事趣聞很多，他的敏捷才思總能帶來歡笑。據說紀曉嵐奉乾隆之命編纂《四庫全書》時正值盛夏，天氣酷熱難當，大家叫苦不迭。尤其是紀曉嵐，身材偏肥胖，最怕炎熱夏天，即使不停地搖動扇子，仍然汗流浹背。最後他索性脫掉上衣，把髮辮盤到頭頂，袒胸露背地校閱書稿。見此情形，大家紛紛效仿，赤膊上陣。

　　這天，乾隆來到翰林院視察工作，正好紀曉嵐和同事們都光著胳膊，埋首苦幹，看見皇上走了過來，眾人趕緊起身穿衣。可是紀曉嵐看得太入神了，等到被人提醒時乾隆已走到近前，由於來不及穿衣服，他慌忙中鑽到了椅子下面。

　　看著紀曉嵐狼狽的樣子，乾隆覺得很可笑，於是想和他開個玩笑，便一屁股坐在那把椅子上面，讓大家繼續去忙，並且故意在椅子上面坐了兩個時辰不說話。紀曉嵐躲在椅子下面不敢動，因為天氣酷熱，最後實在忍不住了，但又不確定乾隆是不是已經走了，便伸頭問同事們：「老

頭子走了沒有啊？」

乾隆大笑，大家也笑了。乾隆讓紀曉嵐出來，故意裝作不高興的樣子喝斥道：「紀昀無禮，何得出此輕薄之語？你要好好解釋解釋，不然殺頭。」紀曉嵐大為尷尬，乾隆命太監為他穿上衣服，又訓斥道：「你膽子不小，為什麼稱朕老頭子啊？」紀曉嵐在穿衣時就想出了應答之語，不慌不忙地解釋道：「臣民都稱皇上為『萬歲』，豈非『老』乎？君是元首，就是『頭』兒了；皇上為天之子，而子萬民，所以叫『子』啊。」一聽此話，乾隆很是高興。

皇帝雖然是開玩笑，不過怎麼巧妙應答卻是個難題。而紀曉嵐的這番歪解，不僅替自己解圍，還變相地拍皇帝的馬屁，自然讓皇帝非常滿意，同時也留下了這段風趣故事。事實上，紀學士的這番歪解是把片語進行分解，逐個解釋了每個字的意思，「老頭子」可不是什麼高雅的詞彙，要是直接解釋，很難與皇帝有關聯。然而換作單個字來解釋，情況就不一樣了，讓皇帝這個「老頭子」甚是歡喜。

當然，這種歪解不是刻意地咬文嚼字，而是為了緩解局面，同時也為眾人帶來樂趣。按照正常邏輯，這歪理本來是荒謬之言，把不相干的事情扯到了一起來說，還說得頭頭是道，看似無稽，其實細細品來，還是有一定的道理。

說到歪理，就不能不提到另一位歪理大師，那就是加菲貓。他扭動著肥肥的身軀，出口成章，不過全是歪理，簡直是個幽默大師。他只喜歡吃和睡，以及歐迪，他的生活因此充滿了歪理。對於自己喜歡的義大利麵和豬肉卷，加菲貓說：「有了義大利麵，誰還會吃老鼠呢？這個世界上還有很多比錢更重要的東西，比如說義大利麵。」「最可愛的東西莫過於一張

放著豬肉卷的小桌子。」加菲貓有三個願望：「第一個是要豬肉卷，第二個還是豬肉卷，第三個，哦，你錯啦，我想要更多的願望，那樣我就能得到更多的豬肉卷啦。」

面對大家對他肥胖身材的嘲笑，加菲貓的歪理是「球形也是一種身材」。另外他還總結了自己的「減肥祕笈」：不要等吃不夠再來第二輪，第一次就要拿夠食物；把磅秤的零點調成負 5 公斤；絕對不吃減肥糖；不要結交家裡開餐廳或糕餅店的女朋友；減肥應多吃蔬菜，所以該多吃南瓜派、蔬菜餅乾；冷食不宜多吃（但冰淇淋除外）。每餐留一點，不要通通吃下肚，比方說，冰淇淋聖代上的那顆櫻桃；多跟比你胖的人在一起……

面對他的這些可愛歪理，我們在笑過之後，總是覺得有些感觸，因為他的每句歪理都說到了我們的心裡。事實上，我們每個人的內心都像加菲貓那樣，或多或少地存在著對他人、對規則的不滿。然而面對現實，我們只能徒發感慨，「但那又能怎麼樣呢？我又不是加菲貓。」的確，我們不能用加菲貓的歪理來處理事情，所以只能對他的歪理報之以大笑了。

大家對《三國演義》都很熟悉，許多文人墨客也對「三國」有著自己的見解。有一位幽默大師就曾經對三國進行了「批註」，不過是歪批三國。他的「批註」都與「三」有關，比如說三國裡有三個做買賣的：劉備是賣草鞋的，張飛是賣肉的，趙雲是賣年糕的。前兩個大家都知道，可是為什麼說趙雲是賣年糕的呢？他的理由是，京劇《天水關》裡姜維唱的一段流水板中有言：「……只有趙子龍老邁年高（老賣年糕）。」另外，他還根據周瑜的感嘆「既生瑜何生亮」，得出周瑜的母親為季氏，而諸葛亮是何氏老太太生的。這位幽默大師文雅地表述歪理，並用自己獨特的「理解」方式帶來了歡笑。

【幽默你的世界】

歪解重在巧妙，在平淡處不著痕跡地改變方向，曲折原有的是非，歪說歪有理，讓聽者在開心之餘連連稱道。

比如，有人對你欲言又止，似有難言之隱，你可以對他說：「哎，該說的說，不該說的小聲說。」

你和女朋友因為去逛街還是看球賽起爭執，她說要你讓著她，你說：「這樣吧，你是看球賽呢，還是在家看球賽呢？隨你挑。」

同事又來找你借錢了，他說他遇到了什麼樣的問題，你可以說：「我們的關係，錢不是問題，對吧，問題是沒錢啊。」

將「錯誤」進行到底

人非聖賢，孰能無過？錯而能改，善莫大焉，這是中規中矩的做法；倘若將錯就錯，一錯到底，就屬於旁門左道了。不過，將錯就錯往往能產生很多笑料，讓錯誤在幽默中沖淡化解。

誠然，將錯就錯不一定是最好的解決辦法，不過在緩解氣氛方面應該是效果最好的。人們在自己犯錯的情況下，若痛快地承認錯誤，容易把氣氛搞得很僵，自己也會居於劣勢；要是裝作什麼事都沒發生，又會讓對方覺得不受尊重。此時，將錯就錯也是個不錯的方法。

一位先生在餐廳用餐時，無意中發現湯裡有一隻漂浮的蒼蠅，很生氣地叫來了侍者，指著蒼蠅問道：「天哪，它在這裡做什麼？」侍者彎下腰，仔細看了半天，微笑著回答道：「先生，它是在仰泳！」這句風趣之辭馬上逗得顧客們捧腹大笑。

在這種情況下，無論侍者如何解釋、道歉，都只能受到尖銳的批評，甚至會引起顧客的憤怒。這位聰明機智的侍者選擇了將錯就錯，既然已經有了蒼蠅在湯裡，那就順著這個來說吧，面對顧客所問的蒼蠅在做什麼，乾脆將錯就錯 —— 「它是在仰泳」。一句簡單的幽默幫了侍者的大忙，不但把自己從困境中解救出來，使氣氛得以緩和，而且還讓那位氣勢洶洶的

顧客在開口大笑之餘，不再追究這個錯誤。

將錯就錯並非不得已而為之的辦法，而是一方為了爭取主動權而先下手為強，改變自己的弱勢地位，從而為自己加分。有時候遇到對方蠻不講理，指鹿為馬，那麼對付這種人最好的武器還是將錯就錯，你錯我也錯。

有一年，某縣兩季遭逢天災，夏季裡的一陣冰雹，使農地裡的收成減少了五成；秋季又遇上大旱，農地裡只剩下三成的收成。秋收過後，官府派人來徵收田賦。老百姓向村官苦苦求情，請村官向縣太爺稟明災情，希望能免除這一年的田賦。

可是這個縣的縣官是個不管老百姓死活的昏官，聽了村官的稟報後竟說：「夏季收了五成，秋季收了三成，這樣加起來不就是八成了嗎？收了八成，這就不錯了，所以全年的田賦一分也不能少。」無奈，村官只好把縣太爺的話轉告給百姓們，要大家趕緊籌錢。

村裡有個孩子名叫王原，人雖小，卻十分機靈。他聽說昏官不肯免田賦，就對村民們說：「你們讓村官告訴縣太爺，我們村遭天災，沒錢交田賦，明天由我到縣衙上跟他說理。」村民們都知道這孩子鬼點子多，於是就託村官到縣衙把消息捎給縣太爺。

第二天，縣官早早地坐在了大堂上，就等說理的人來，好給他個下馬威。一會兒，一個十歲左右的孩子走進大堂。縣太爺一見，把臉沉了下來，厲聲喝道：「一個小孩子家懂得什麼，回去叫個大人來！」王原說：「我已經九十九歲了，還小嗎？」

縣官一聽，氣得瞪起眼喝道：「胡說！乳臭未乾的小子，竟敢在這裡戲弄老爺我！」說著，便命左右的衙役：「把他給我轟出去！」王原卻鎮定自若地說：「別忙！」接著就伸出左右手的食指比作兩個「九」字，然後不慌不忙地說道：「大人，我爺爺九十歲了，我九歲，加起來不就是九十九

歲了嗎？」縣官把驚堂木一拍：「一派胡言！有這樣算年齡的嗎？」王原答道：「縣太爺，我們村子夏季收了五成，秋季只收了三成，你又為何把兩季加在一起，當八成收呢？」縣官無言以對，最後只好按朝廷的規定，減免災區的田賦。

機靈的王原將糊塗縣官的錯誤理論進行到底，既然收成可以相加，那年齡也可以相加。如此一來，縣官自然知道自己的錯誤理論是站不住腳的，只能免除田賦。

生活中糊塗的縣官並不多見，不過愛鑽牛角尖的人倒是不少。這種人總是認為自己是對的，不管別人怎麼勸都不聽。這個時候，要想說服他，就只能將錯就錯，讓他自己領悟到自己的錯誤。這一點在老一輩人身上特別明顯，因為他們的生活經驗豐富，對自己的看法往往一時難以改變，尤其是生活習慣也是不會輕易改變的。比如，老人通常比較節儉，尤其是對自己的吃穿，有時甚至十分苛刻。

小劉的公婆就是一對很節儉的老人，經常吃剩飯剩菜，平常難免會剩下一些飯菜，公婆總是捨不得倒掉，下一頓再拿出來吃。吃剩菜其實是很不好的，小劉勸過幾次，沒什麼效果，就不便再多說了。這次，小劉又看到公婆在吃昨晚的剩飯菜，忽然靈機一動，讓兒子小虎去和爺爺奶奶一起吃。當然，面對寶貝孫子，公婆自然不捨得讓孩子吃剩飯菜，因此只好把飯菜倒掉了。見此情形，小劉心中竊喜，於是此後每次再看到老人吃剩飯菜，就暗示小虎過去湊熱鬧。幾次之後，兩位老人竟然改掉了吃剩飯菜的習慣。

【幽默你的世界】

將錯就錯之所以能夠創造幽默，在於它能使正常的動因變成歪曲的結果，而且越來越歪，越來越毫不相干，從而形成強烈的反差和連鎖反應，

讓人忍俊不禁。

　　比如，在你的朋友當中，總會有這樣的人，張口閉口都自稱「姐」，跟別人說話也都是姐怎麼怎麼樣的。如果你想改改她的這個毛病，不妨在她面前自稱「姐夫」，那樣她就不會再「占便宜」了。

一加一等於三：如何偷換概念

　　與人談話時轉移話題，這種情況在生活中很常見。但是你留心過嗎？轉移話題也分好幾種類型。有的人性子似乎急了點，說著說著冷不防就轉到某個話題上，像是開車時突然來個急轉彎，讓人覺得有些突然；有的人脾氣不急不躁，繞了一大圈才把話題引到自己想說的部分；還有一些人，很會偷換概念，聊著聊著就自然而然地表達出自己要說的話題，就像是坐雲霄飛車，讓你在眩暈中直達目的地。

　　到底哪種說話方式最恰當、有趣呢？我們先來看個例子 ──

　　一次，奧地利著名作曲家約翰・史特勞斯（Johann Baptist Strauss）前往美國演出，他那出色的音樂才華令觀眾為之傾倒，再加上他身材高挑，儀表非凡，特別是那頭卷曲的長髮，十分引人注目。一位美國婦人是他的忠實樂迷，她想方設法得到了一束史特勞斯的長髮，當作珍品收藏起來。消息傳開，人們紛紛向史特勞斯索取頭髮作為紀念，而好心的他也盡量滿足粉絲們的要求。見此情形，史特勞斯的朋友們不僅為他擔心起來，畢竟，頭髮是有限的，這麼揮霍地送人，結果肯定不妙。

　　不久之後，史特勞斯即將離開美國，許多人前來送行。只見他揮著帽子向人們告別，大家驚訝地看到，他的捲曲長髮還好好地長在頭上，似乎

一根都沒少，只是他帶來美國的那條長毛狗，變成了短毛狗。

　　史特勞斯不僅音樂才華出眾，還是偷換概念的高手，用愛狗的毛換了他自己的一頭漂亮長髮，這真是很划算，同時也加深了樂迷們對他的喜愛和崇拜之情。

　　當然，偷換不僅有實物的偷換，還可以在不經意中轉換話題方向，讓聽者慢慢地接受這種轉變，最終接受自己的看法。

　　明代文學家徐文長自幼就很聰明，年紀還很小的時候就被稱為神童。一次，兩位朋友拜訪徐文長，朋友張三悄悄將徐文長拉到一邊說：「文長兄，今日你若能令李四『呱呱呱』地叫三聲，我就請客吃飯。」徐文長笑道：「此事極易。」隨即就把張三、李四這兩位好友帶到一片西瓜地中。然後徐文長手指瓜田對李四說：「李兄啊，你看這一片葫蘆長得多好啊。」李四迷惑不解地問道：「文長兄啊，這明明是瓜嘛，你怎麼說是葫蘆呢？」徐文長道：「是葫蘆。」李四道：「是瓜。」徐文長又說：「葫蘆！」李四說：「瓜！」徐文長說：「葫蘆，葫蘆，葫蘆！」李四大聲爭辯道：「瓜，瓜，瓜！」

　　見此情形，一旁的張三早就忍不住被逗得哈哈大笑起來，他心悅誠服地拱手對徐文長說道：「徐兄高明，佩服，佩服啊！」而李四呢，看著眼前這一幕，心裡疑惑，不知道兩位好友葫蘆裡究竟賣的是什麼藥，待到弄清真相後，也不禁被逗得哈哈大笑起來。

　　徐文長的高明就在他利用自己的主動權偷換了概念，即把「瓜」換成了「呱」，從而讓李四在不知不覺中就變成了「青蛙」。

　　由此可見，概念偷換得越離譜、越隱蔽，概念的內涵差距就越大，產生的幽默效果也就越強烈。

　　生活中這種偷換概念的笑料是很普遍的，看似不合邏輯的對話中其實透著歡樂的序曲，幽默就在其中。

　　很多小孩子在這方面也是高手，讓老師不知該如何回答。一次，老師問小杰：「我們來溫習昨天教的減法，假如你哥哥有五個蘋果，你從他那兒拿走三個，結果怎樣？」小杰搔了搔小腦袋說：「結果嘛，結果他肯定會揍我一頓。」課堂上一陣鬨笑。

　　如果單從這節數學課的角度來看，小杰的這種回答是十分愚蠢的，因為老師問的「結果怎樣」很明顯是「還剩下幾個蘋果」的意思，可是小杰卻把它轉移成「私自拿走哥哥的蘋果」的後果。不過，也正是因為偷換概念，才使這段對話產生了幽默的效果，惹得大家大笑，而老師也不去追究這個數學問題了。

　　一個體育愛好者問：「你說踢足球和打冰球比較，哪個門好守？」另一個人答道：「要我說，哪個門也沒有對方的門好守。」

　　從常理上來說，提問者的「哪個門好守」是指在足球和冰球的比賽中，對守門員來說，我方的球門哪個更容易守，這是個仁者見仁，智者見智的問題，很具有探討性。而回答人的回答一下子轉移到比賽中我方球門和對方球門的比較，這看似是一句「廢話」，沒什麼實際的意義，不過的的確確帶來了幽默。

　　偷換概念還能令他人樂意伸出援手。有個年輕人步行到城裡去。當他急忙趕路的時候，一輛汽車從他身後疾駛而來，年輕人馬上舉手示意車子停下來，焦急地對司機說：「先生，請問一下，您能不能替我把這件大衣送到城裡去？」「當然可以，」司機說，「可是到了城裡我怎樣將大衣交還給你呢？」年輕人微笑著回答說：「哦，這很簡單，我打算裹在大衣裡

頭。」這句話引得司機開心大笑起來，馬上爽快地讓年輕人上了車。

　　一般情況下，遇到一個陌生的年輕人要搭便車，通常會有些安全上的顧慮。但是這位聰明的年輕人巧妙地運用一句幽默，讓素不相識的司機爽快地答應。我們可以想像，這位司機有了風趣的年輕人陪伴，一路上談天說地，愉快地度過接下來的旅途。

　　當概念被偷換了以後，一般從道理上還是講得通的，但是這種「通」不是「常理」上的通，而是另一個角度上的通，而正是因為這種新角度的觀察，顯示出說話者的機智和幽默。

【幽默你的世界】

　　在偷換概念的過程中，概念被偷換得越是離譜，所引起的預期失落、意外的震驚就越強，概念之間的差距掩蓋得越是隱祕，發現越是自然，可接受的程度也就越高。

　　比如，當你在大街上行走時，一個沒禮貌的路人對你說：「喂，xx 醫院怎走？」對於這種缺乏修養的問路人，你不妨對他說：「這很容易，只要你閉上眼睛，橫穿馬路，幾分鐘後就會到的。」

另類方式：移花接木，答非所問

　　幽默就是這樣神奇，當你直截了當回答對方的問題時，答案就像一顆放了好幾天的饅頭，顯得乾巴、無味；而當你間接、側面地說出看似與對方所說主題無關的話時，卻能引起對方的關注，達到啟發和教育的目的。這就是答非所問法。

　　帕格尼尼（Niccolò Paganini）是一位很歡迎的提琴演奏家，他音樂造詣很高，為人也風趣幽默，因此很多貴婦都喜歡邀請他到家裡做客。一次，一位貴婦邀請帕格尼尼隔天到她家去喝茶，帕格尼尼接受了邀請，貴婦很高興。告別時，貴婦笑著對帕格尼尼補充說：「親愛的藝術家，請你千萬不要忘了，明天來的時候帶上您的提琴！」「這是為什麼呀？」帕格尼尼故作驚訝地說，「夫人，您是知道的，我的提琴從不喝茶。」

　　音樂家的回答很有個性，大家都知道貴婦的意思是在喝茶之餘，希望音樂家能夠在她的家裡為她演奏提琴。可是帕格尼尼卻假裝聽不懂對方話裡的這層意思，還是順著喝茶的這個話題往下接，得出的結論就是不必帶提琴，因為它是不喝茶的。

　　音樂家用答非所問解決了問題，其實帕格尼尼並不想在別人的家裡助興演出，同時對這種邀請、喝茶也不是很感興趣，只是出於禮貌而不好意

思拒絕，引此選擇了用幽默的方式來為自己解圍。

問有藝術，答也有技巧。問得不當，不利於交流；答得不好，同樣也會出問題。在交流中，回答問題可不是一件容易的事，要使答案清楚、完備，還要有所創新，要講究一點技巧。

因此，很多時候可以運用「答非所問」的幽默技巧來回答問題。到底什麼叫「答非所問」呢？就是指答話者故意偏離邏輯規則，不直接回答對方的提問，而是在形式上響應對方問話，進而透過有意的錯位造成幽默效果。當然，答非所問並不是邏輯上的混亂，而是用假裝錯誤的形式，來幽默地表達潛在的意思。

所以說，答非所問就像是嫁接一樣，在砧木上面接上自己想要種的植物，介面吻合，那麼就可以結出想要的果實。而問題就像是砧木，可能是這個樣子的，也可能是別的樣子的，但是為了達到自己的目的，應答者就要在這問題上表述出自己想表達的意思，並且邏輯要符合。

不僅是帕格尼尼，很多名人都會面對如此無奈的場合，比如某些無聊人士對名人的私生活似乎很感興趣，總是喜歡東問西問，甚至有些是不懷好意的提問。此時如何巧妙回答就很考驗名人的智慧和胸懷了。例如有個小報的記者在一次採訪著名作家馬克‧吐溫（Mark Twain）的過程中，一直盯著他好奇地追問：「尊敬的作家先生，請問您最近在做些什麼？」馬克‧吐溫平靜地答道：「難道您沒看見？我正在蓄絡腮鬍。」

其實這位小報記者問的是馬克‧吐溫近期做了哪些重要的事情，有什麼作品，有什麼安排。機智幽默的馬克‧吐溫當然懂得對方問話的意思，但他偏偏答非所問，故意把蓄絡腮鬍當作極重要的事情，這顯然與問話目的不相符。所以表面上看馬克‧吐溫是在回答記者，實際上並沒給對方

傳遞什麼有用資訊。與此同時，馬克‧吐溫的這句話還包含著一層拒絕的暗示：無可奉告，請不要再糾纏了。

馬克‧吐溫的這種答非所問方式非常巧妙而又充滿智慧，不僅能夠抓住表面上某種形式上的關聯，不留痕跡地閃避實質層面，求得出其不意的表達，而且也使自己擺脫了被動局面的困擾。

著名美國總統林肯（Abraham Lincoln）也有過類似的經歷。一位婦人來找林肯，理直氣壯地說：「總統先生，你一定要給我兒子一個上校的職位。我們應該有這樣的權利，因為我的祖父曾參加過雷新頓戰役，我的叔父參加了布拉敦斯堡戰役，而我的父親又參加過納奧林斯之戰，我丈夫參加了曼特萊之戰，所以⋯⋯」林肯接過話來說：「夫人，你們一家三代為國服務，對國家的貢獻實在夠多了，我深表敬意。但是現在，你能不能給別人一個為國效命的機會？」一聽此話，婦人無話可說，只好難為情地走了。

這位夫人本來是想透過自己一家人的「功勳」，來為自己的那個可能不是太出色的兒子謀個職位，她之所以如此歷數家人的戰績，目的就是為了獲得林肯的同情，讓總統看在這些的分上答應這件事。而林肯的回答卻十分巧妙：既然你的祖父、父親、丈夫都已經享受了這些權利，那你兒子就不要再享受了，還是讓給其他人吧。這種答非所問的巧妙之舉，讓林肯很順利地化被動為主動，最終讓婦人無話可說。

由於人們思考問題的角度不同，因而錯誤理解對方講話意思，這種情況經常發生。當別人對你的答覆理解錯誤，而這種理解又有利於你時，不必去更正和解釋，而應該幽默地將錯就錯，順水推舟，會有更好的溝通效果。

事實上，答非所問是很需要技巧的，並非所有植物都能移花接木，只有相同屬種的植物之間才可以進行嫁接。同樣的道理，只有邏輯關係正確的問題與答案之間才能構成移花接木的效果，並相得益彰，帶來出乎意料的幽默。

【幽默你的世界】

在人際交往中，答非所問也是一種學問，就看你的答非所問有沒有價值和技巧。有些問題我們不能明白地回答，卻也不能不回答，最好的辦法是答非所問或是左顧他言，只要不違背做人的原則、不違背道德和良心就可以。

比如，有朋友當著眾人的面故意揶揄你：「小王，聽說你老婆對你管教挺嚴格的，晚上 10 點以後回家都得提前申請，你覺得你們過得幸福嗎？」你不妨笑著回答說：「我姓王，這年頭幸福（姓福）的可真不多，所以想必你也是如此吧。」

東梁換西柱：言語的「調包計」

　　我們知道，在理性思考中，概念的含義是要穩定不變的。因此古希臘哲學家亞里斯多德（Aristotle）在他的邏輯學中就規定了一條：思考問題時概念要統一，稱之為「同一律」。違反了這條規律，就叫做「偷換概念」，也就是說，字面上沒有變，可是把它所包含的意思偷偷地換掉了。而幽默往往需要調動的是人的感性面，因此對於普通思考邏輯來說是破壞性的那些東西，對於幽默來說則可能是建設性的。所以「偷換概念」這種說話方式往往能夠製造幽默效果。

　　美國某個州的一位議員去世了，州長感到很悲痛。然而得知此一噩耗後僅僅幾分鐘，馬上有位政客來電，希望自己能代替這位議員的位置。州長很生氣，覺得這位政客的為人有問題，於是就不耐煩地對對方說：「這個問題你不應該來問我，反正只要殯儀館沒意見，我也就沒意見。」那位政客瞠目結舌，無言以對。從這句話的使用情境來看，大家都能明白這位政客的真實意圖是想取代去世議員的議席，但是從表面意思上來講，一個人的位置其實也就是他身體所處的位置，所以州長就採用了偷換「位置」概念的方法，不失幽默地給這位貪心的政客一點教訓。

　　日常生活中，大家開開玩笑也會使用這樣的幽默方式：比如某人買了

件新衣服，換上之後對著鏡子左照右照，還要問家人朋友好不好看。如果朋友想逗逗她，就會說：「好看好看，衣服真好看。」買新衣服的人問好不好看，其實是想問自己穿上新衣服好不好看，但因為省略了主語，回答者就將主語偷換成衣服，不去誇人好看，而是誇衣服好看。這樣就既不傷害對方的自尊心，同時又很巧妙地達到了幽默的效果，可謂一舉兩得。

有一位農女嫁給農夫後，兩人相親相愛。一年端午，眼看富人家大魚大肉，自己家空空如也，便採了些昌蒲到河邊洗，邊洗昌蒲邊唸了首詩：「自嘆命薄嫁窮夫，明日端陽樣樣無。佳節豈能空手過，聊將清水洗昌蒲。」沒想到丈夫恰好路過，聽到此詩後深感歉意，便順手牽羊地把田裡的一隻牛拉到市場上，想賣掉後買點酒肉回家過節，不巧這一切被牛主人看到，便將農夫揪到衙門。農夫一五一十地告以實情，縣官不信一名農女居然能出口成章，便差人將她喚至大堂，命她以「偷牛」為題作詩一首，農婦明白，此詩直接關係到案子的處理，既可憐丈夫的一片苦心，又擔心此後團圓無望，便垂淚答道：「滔滔河水向東流，難洗今日羞與愁。妾身雖苦非織女，郎君何故學牽牛？」縣官聽罷大驚，實不願意加罪於這對恩愛夫妻，便說了一句：「好一個伶俐女子，爽然認錯，其心坦蕩；滿目垂淚，其情可哀；將夫君偷牛比作牛郎牽牛，更是妙極！」隨即宣布農夫無罪。

這位農女真不愧是位偷換概念的「女中高手」，眼看丈夫將要遭難，巧妙地運用「牛郎織女」的字面意思，對大家解釋自己的丈夫之所以順手牽走別人家的牛，完全是想在端午佳節這天效仿牛郎織女的恩愛場面。此番解釋看似合情合理而又觸動人心，難怪博得縣官的理解和同情。

張班是魯班的師兄弟，木匠的手藝也很高超。有一次，張班替一名財

主修建臺閣，財主和他口頭約定：如果臺閣修建得合他的心意，賞「五馬馱銀子」，外帶「一擔米、兩隻豬、三罈酒」。臺閣修好了，財主裡外都檢查遍了，找不出半點毛病。該按約定條件付給報酬了，財主叫家丁牽來五匹馬，並排站著，背上橫攔一塊大木板，木板上放了一塊比手指甲還要小的銀子。財主說：「這就是我付給你的工錢——『五馬馱銀子』。」接著，財主拿來用一個雞蛋殼裝的米粒，說：「這是我外賞的一蛋（擔）米。」然後又從一個紙匣裡拉出兩隻蜘蛛，說：「這是兩蜘蛛（兩隻豬）。」最後，財主將手指頭伸到一個酒壺裡，蘸了一下，向前彈動了三下，對張班說：「這是三彈（罈）酒。」張班這才知道自己上當受騙了。

在這個故事裡，財主欺騙張班的手法主要是利用同音異義字來偷換概念，大耍賴皮。

再比如，有一些商場打出所謂「買一送一」的虛假廣告，其實前一個「一」和後一個「一」所指的並非是同一樣東西，這也是利用偷換概念的文字遊戲在矇騙消費者。

偷換概念想要做得成功還有一個訣竅，那就是要盡量做到不留痕跡，對方需要默默地思考一下，腦子轉個圈才能反應過來，因而產生更強烈的幽默感；又或者是讓人明明感覺到不太對勁，卻不知道問題到底出在哪裡，這才是偷換概念的高境界。

這種方法在辯論當中也經常被用到，例如有關於男女地位的問題，甲方說女人受限於天生條件，可能做不了粗重工作，這時乙方接下話來就會問：難道女人因為天生柔弱就該忍氣吞聲，就該受苦了嗎？就因為天生體質上的差異男人就可以歧視女人嗎？面對這番問話，如果甲方準備不足，很容易陷入困境，他們很可能還沒有發現，自己已經被偷換了概念，因為

在辯論中，並沒有說因為體質的問題，女人就該怎麼樣。我們在運用幽默時，也能借鑑辯論場上所使用的概念偷換方式，讓我們的幽默更加打動人心。

【幽默你的世界】

　　偷換概念說得簡單一點其實就是扭曲對方的意思。當我們用偷換概念來表達幽默，不僅能達到逗人娛樂的效果，還能在遇到言語攻擊時，舉重若輕地反擊回去。

　　比如，有人對你的身材評頭論足：「您可真是胖得可以啊。」你可以回答說：「是啊，要不怎麼是重量級人物呢！」

　　再比如，鄰居向你抱怨他家的孩子貪玩，經常和別的孩子一起跑到大街上玩。對此，你不妨微笑著對他說：「對，你說得一點也不錯，應該把孩子關在家裡，一點新鮮空氣都不能讓他呼吸。」

第五章

邏輯不通：矛盾亦幽默

故意顛倒黑白，荒誕不經也生笑

　　現代生活節奏日益加快，每個人都在各自的家庭和工作中疲於奔命，往往感覺生活平淡，失去了精彩和熱情。但是你知道嗎？幽默的談吐不僅可以使人際交往變得輕鬆愉快，還可以增加個人魅力，讓你成為一個魅力四射、走到哪裡都受歡迎的人。怎樣才能使自己變得富有幽默感呢？不妨試試顛倒黑白的幽默術。所謂顛倒黑白，其實就是透過故意扭曲別人話語中的邏輯關係，以達到幽默效果的說話技巧。

　　小王是某公司的業務員，一天下午，他正走在下班回家的路上，忽然收到一則莫名其妙的簡訊：「老公，今晚回家吃什麼呢？」仔細一看發簡訊的人，竟然是以前的一名女客戶。看到這裡，小王知道肯定是對方不小心發錯了對象，於是不動聲色地回覆女客戶：「老婆，我們家在哪兒呢？」沒過多久，女客戶回電向小王道歉，說那則簡訊是自己不小心發錯了。小王心知肚明，毫不介意地和對方聊了起來，並且還充分運用自己的幽默，逗得客戶哈哈大笑。

　　幾天後，那位女客戶又主動打電話給小王，說經過她的努力，公司打算從小王手裡再訂購一批產品。小王很是興奮，第二天興高采烈地跑過去簽訂單了。簽完訂單，小王對女客戶千恩萬謝，那位女客戶卻微微一笑，

對他說：「你不必謝我，其實是你的幽默感染了我。」小王摸不著頭緒。看見小王一頭霧水，這位女客戶接著解釋說，原來那天她和老公吵架了，老公一氣之下摔門而出，天黑了也不見人影。所以她就打算傳簡訊問老公，晚上回來想吃什麼，但一不小心傳給小王。可是緊接著，小王的那條富有趣味性的回信以及接下來的幽默談話，讓這位女客戶本來鬱悶的心情好了許多。

由此可見，想要做一個幽默的人，首先要調整自己的消極心態，以樂觀積極的態度去面對生活中諸多不如意的人事物，這樣才有可能充分發揮自己的幽默才智。此外，充實知識也很重要，否則，連基本的禮儀都保持不了，又何談幽默？

有一位偉人，在款待某位遠方來客的時候，驚訝地發現對方吃飯時都是直接用手抓著吃。見此情形，一旁陪坐的幾個朋友都覺得很噁心，甚至認為這是來客故意為之，實在是不懂禮貌。可是偉人的臉上卻絲毫沒有表現出厭惡之意，而是不慌不忙地放下手中的叉子，也用手抓著吃。事後，這位來客不好意思地對大家解釋，自己家鄉遠在佛羅里達州一個僻遠的鄉村，那裡有個很奇怪的風俗，每當和關係特別親近的朋友一起吃飯時，必須用手抓著吃才顯得禮貌，同時也表示彼此之間的感情非常友好。

聽了來客的這番解釋，眾人都如釋重負地笑了，同時對偉人的機智應變更是佩服有加。

做好幽默的心理和知識準備之後，我們來看看運用顛倒邏輯的方式來達到幽默的具體方法。一般來說，在製造幽默中，我們經常使用的邏輯關係主要有因果關係、主次關係以及時間和空間上的先後關係。

首先，利用因果關係的邏輯混亂來製造幽默。這個方法看似難以理

解，實際上卻很簡單。比如說有的男人很會討好女朋友，兩人約會的時候若正好遇上好天氣，女孩子感嘆一句：「今天天氣真好，是個約會的好日子。」而聰明的男友就會回答：「我女朋友這麼漂亮，出來玩，天氣能不好嗎？」其實，女孩子漂亮和天氣好不好，並不存在因果關係，但是男孩子有意顛倒黑白，將這個邏輯混淆著使用，就產生了幽默的效果。

其次，利用主次關係來表達幽默。在某些重大的場合，故意忽略要角或是主要因素來思考或解決問題，往往也能達到幽默的效果。例如，在一場慈善晚會上，主辦單位邀請了幾位女明星出席活動。某位較有名氣的女明星，處處耍大牌，刁難大家。舞會開場，按照往例由主辦單位代表和邀請的明星一起跳開場舞。出人意料的是，這位代表竟然自己跳上臺，代替了司儀的位置，邀請了「他心目中最美麗的女星」 —— 在場另外一位女性跳了這場開場舞。看著這出乎意料的一幕，那位耍大牌的女明星尷尬極了，然而她心裡也清楚，這是對方有意為之，是故意「報復」。想至此，女明星心裡不禁湧起了幾分愧疚之情。面對頤指氣使的女明星，機智的代表有意忽略重要的來賓要角，轉而邀請場外觀眾，這種詼諧之舉，顯然是給予那位刁蠻女明星一記委婉而有力的回擊。

最後，利用時間和空間上的邏輯顛倒來幽默。例如知名相聲演員郭德綱和于謙的某次相聲中，郭德綱吹噓自己的年齡比于謙大，于謙就請他報上歲數。當然，郭德綱明明是歲數小的，但是他卻故意讓于謙數數，先數到郭德綱的歲數，然後才到于謙的歲數。等這一切做完之後，郭德綱根據自己的歲數先出現，判斷自己比于謙大。見此情形，于謙很無奈地說，要按這種方法來計算歲數，恐怕郭德綱的年齡要比自己的父親大得多。這搞笑的一幕頓時使觀眾們忍俊不禁，哈哈大笑。時間和空間邏輯的混亂所帶

來的凌亂感，的確能帶來幽默的感覺。比如有人在寒冬中身穿短褲和短袖在戶外跑著，看到這種情形，大家或許會覺得這個人很滑稽；再例如，一位七旬老婦人卻打扮成非主流少女的風格，那就像是穿越了時空，給人一種非笑不可的滑稽感。

【幽默你的世界】

現在所流行的笑話中，許多都是以混亂的邏輯為笑點。因此當我們在與人交談時想要講個笑話來活躍氣氛，下面這些小幽默是不錯的選擇——

1．遇到不懂的問題就去找韓國人吧，因為世界上所有的東西都是韓國人發明的。

2．小李有兩個哥哥，大哥叫大虎，二哥叫二虎，請問小李的爸爸叫什麼？

答案是：誰知道！

3．我是一個執著的人，摔倒了就會自己爬起來。摔倒了一次，我自己爬起來；摔倒了兩次，我又自己爬了起來；摔倒第三次，好吧，我承認自己不執著，但還是不得不繫上了鞋帶。

運用反差帶來的效果

　　學過設計的人都知道，反差是設計中常用的手法，好的反差設計帶給人好印象。為了抓住欣賞者因專注於相同元素而逐漸迷失的眼睛，設計師需要透過選擇空間、顏色等，設計出很明顯的突出元素，形成反差效果，進而引導人們的體驗。

　　同樣的道理，語言表達也可以採用反差的手法，讓自己的話語跌宕起伏，而不再是無滋無味的白開水。

　　英國某位作家身材高大，儀表堂堂，美中不足的是嗓音過於柔和，缺乏陽剛之氣。不過他並未因此而自卑，甚至藉此產生很好的幽默效果。

　　一次，這位作家去美國旅行，應邀舉行了一場演講。演講開始前，主持人用華麗的辭藻，喋喋不休地將他介紹給聽眾。作家覺得主持人的介紹太多太亂，聽眾也似有厭倦之色，於是等主持人介紹完後，他站起身對聽眾說：「在一場旋風過後，隨之而來的是一陣平靜而柔和的微風。」然後他用自己頗具特色的柔和嗓音為大家帶來一場別開生面的演講。演講結束後，聽眾對其別具特色的開頭和嗓音津津樂道。

　　試想一下，如果這位作家不採用這種富有反差的語言作為開場白，那麼他一開口，聽眾很可能對他的嗓音評頭論足。這樣一來，勢必影響到接

下來的演講效果，而作家自己心裡也會感到不舒服。與其如此，倒不如直接和主持人來個正面對比，告訴聽眾們：我的嗓音就是如此與眾不同。聽眾也就不會再把焦點放在嗓音上，同時也拉近了彼此的距離。這就是反差的額外效果。

　　在一個寒冷的冬天，兩名窮書生穿著單衣在寒風中瑟瑟發抖。有人問其中一個書生：「這麼冷的天，為什麼只穿單衣？」對方回答道：「因為不穿單衣會更冷。」而另一個書生以家貧為理由，當別人問他同樣的問題時，他就回答說：「我從小得了一種熱病，不能穿厚的衣服。」很顯然，第二個書生在說謊話。接著，一位朋友邀請他做客，留他到天晚，問他為何在冬天穿單衣，這位窮書生還是說有熱病，於是他的朋友就說：「既然這樣，那今晚你就在涼亭內休息吧！」結果，在涼亭裡待了半夜，書生實在是冷得受不了了，於是倉皇逃走了。第二天，朋友碰到了他，問：「為什麼昨夜留宿，不辭而別？」書生紅著臉解釋道：「唉，我怕日出天太熱，所以趁著早晨涼快就走了。」

　　這個故事本身似乎並沒什麼可笑之處，相反還有些淒涼。不過我們卻可以從中品出些反差的意味。同樣是窮書生，同樣是天冷買不起厚衣，可是兩者對此的心態卻是截然相反。第一位書生面對窘迫的生活，還能笑著面對，風趣地回答他人提問，他是樂觀而幽默的；而第二個書生則因為虛榮心作怪，對自己的處境遮遮掩掩，不肯對別人承認貧窮，說明他在心裡也不能面對自身處境。如此一來，當友人看穿這個書生的謊言之後，對他不是同情，而是順著他所說的話捉弄了他一番，他也只能吃個悶虧，還要繼續圓自己的謊。由此可見，貧窮並不可怕，可怕的是沒有正視的勇氣，或者說缺乏積極樂觀的心態。這樣一來，別人如何對你的潦倒境遇報以同

情，甚至伸手援助呢？

　　當然，正視貧窮很難，而正視失敗也不容易。一位飯店經理在大廳外散步時，遇到了一位愁眉不展的擦鞋匠。飯店經理走過去用手拍著擦鞋匠的肩膀安慰他說：「朋友，不必這樣悲觀，我年輕的時候也曾替人擦過皮鞋，如今我卻是這個大飯店的經理了。只要你積極地在社會上競爭，總會有出頭的日子的。」豈料，飯店經理的這番話不但無法安慰擦鞋匠，反而更加激起了他的埋怨：「唉，你可能不知道，我原來也是大飯店的經理，現在卻在這裡替人擦皮鞋，就是因為社會上競爭激烈的緣故。」

　　這是一個多麼富有對比效果的故事。經理對擦鞋匠說的話，是一則很有教育意義的勵志故事，但加上鞋匠意味深長的幾句話，就成了一則富有深意的現實故事了。由此可見，在激烈的職場競爭中，升遷或加薪固然可喜可賀，然而急流勇退也是必然的規律。畢竟，現實生活總是很殘酷的，並非你期待什麼就可以收穫什麼，很多時候，結局往往並不像我們預想的那麼好。

　　一個從高處跌落的失敗者，希望破碎是必然的，失敗的英雄並不好當，失敗的陰影是這樣沉重。面對如此逆境，我們每個人要做的，就是盡力做好自己，其餘的就不要去刻意追求。

　　有這樣一個笑話：在地鐵裡，我看到旁邊一名美女掏出了 iPhone4，然後一位文藝青年也跟著掏出了 iPhone4，一名商務男子默默地看了他們一眼，隨即掏出了 ipad2。這個時候，我詭祕地一笑，掏出了我的 Nokia，然後在車廂走道裡砸開了一顆核桃。見此情形，周圍的人瞠目結舌，似乎整個場面都被我 hold 住了……

　　這是一個很有反差效果的笑話。手機時代，蘋果大行其道，不管是

什麼職業、什麼需要的人，只要有足夠的錢，都會選擇購買。在這種流行 iPhone 的大趨勢下，你要是不買一支似乎就真的是 out 了。但是故事的主角卻不這樣認為，當地鐵中的乘客們紛紛掏出蘋果產品來「炫耀」的時候，他卻勇敢地舉起 Nokia，用砸核桃來證明：耐用的 Nokia 是永遠不會過時的，我可以摔，可以敲，甚至可以砸核桃，這就是無敵的 Nokia。

【幽默你的世界】

反差的優勢在於能夠在跌宕中獲得亮點，不管你是否刻意去製造，它總是會吸引你的注意，讓你不容忽視。

例如，你和妻子吵架了，妻子惱怒地對你大聲嚷道：「我恨死你了！」這個時候，你千萬不要誤會她的意思，因為妻子也許是在表達：「我愛死你了！」如果你不能辨識這一點，不識趣地暴跳如雷，那可就大煞風景了。

再比如，夏季來臨，你拿出衣櫃裡的裙子來試穿，發現都穿不下了。這個時候不妨為自己解釋：「唉，過了一年，衣服都變小了。」

「捏造事實」：幽默之張冠李戴法

很多人都有這樣的經驗：觀賞馬戲團演出時，看見穿人類服裝的猩猩、猴子之類，感覺非常滑稽可笑，因為獸類本來不具有文明的特徵，卻把人類文明的東西強加於動物身上，帶來不協調感，因而容易引人發笑。這就是張冠李戴造成的喜劇效應。說話也是如此，故意用甲來代替乙，並使之在特定的環境中具有不協調性，且意味深長，便是幽默。

一名年輕漂亮的女子獨自坐在酒吧的一角，一位年輕男子走近她，很有禮貌地對她說：「小姐，我能為您買一杯飲料嗎？」誰知這位女子竟然瞪著男子，突然大喊：「要到汽車旅館嗎？」「不，不！您誤會了！我只是問一下，我能不能為您買一份飲料。」「您說今晚就去嗎？」這位女子繼續高叫起來。男子被她搞得非常尷尬，只好紅著臉退回自己的座位去。見此情形，其他客人都對這位男子議論紛紛。

過了一會兒，這位女子走到男人身邊，滿臉歉意地說：「對不起，我使您難堪了！我是學心理學的，正在研究人對意外情況的反應……」這時，男子兩眼直望著她，突然大聲喊道：「什麼？您要 100 美元？太貴了！」

這是一則編得非常巧妙、趣味濃郁的幽默小品。這位女心理研究員首先「調戲」了這個男人，把他的好意搭訕「當作」色情挑逗，並大聲地反

問出來，讓周圍的人對男子的行為表示反感。男子的解釋卻換來再一次的反問，和旁人深信不疑的蔑視，於是他只有落荒而逃。

然而故事的精彩之處還不在於此，而是那位年輕男子在聽了女子的解釋後，果斷地運用張冠李戴「以牙還牙」，狠狠奚落了對方一番。這樣一來，周圍的人肯定會認為：哦，原來事實是這樣，看來我們的確是冤枉了這位帥哥。

幽默如同人的心理，變化萬千，捉摸不定，需要用心去體驗。

一名記者請某主管談談保持身體健康的經驗。主管笑著回答：「經驗只有一項，那就是保持進出口平衡。」一句話，讓在座的人都笑了。「進出口平衡」本是外貿行業術語，卻被這位主管借代到飲食養生的話題，其言外之意是不言而喻的，既說明了新陳代謝對身體的重要，又在不協調的借代中造成人與小的反差，聽之趣味無窮。這位主管選擇的「帽子」無疑是十分恰當的，因其恰當，才使人產生了豐富的聯想，在聯想中咀嚼出幽默的味道。

在運用「張冠李戴」的幽默術時，選擇恰當的「冠」，主要有兩個管道：一是從現成的行業術語、專業術語、政治術語中去選擇，像前面提到的「進出口平衡」等都屬此類，這樣的選擇相對比較容易。二是在交際過程中選擇適當的詞語來完成換名，這種應用相對要難一些，但只要替代得好，就會更有現場效果和機智的幽默感。

例如：在一次訪美期間，邱吉爾（Winston Churchill）應邀去一家專門做烤雞的簡易餐廳用餐。邱吉爾很有禮貌地對女主人說：「我可以來點雞胸肉（breast）嗎？」

「邱吉爾先生，」女主人溫柔地告訴他，「我們不說『胸部』（breast），習慣稱它為『白肉』，雞腿則稱為『黑肉』。」

第二天，這位女主人收到了一朵邱吉爾派人送來的漂亮的蘭花，蘭花上附有一張卡片，上面寫著：「如果你願把它別在你的『白肉』上，我將感到莫大的榮耀 —— 邱吉爾。」

女主人無事生非，非要稱「雞胸肉」為「白肉」，弄得邱吉爾當時顯得很尷尬。但邱吉爾很快地反客為主，為了嘲弄女主人的咬文嚼字，他現學現賣地把「白肉」借用過來，以「白肉」來代稱女主人的「胸部」，這顯然是把雞和人扯到了一起，，詼諧的諷刺中多了幾分幽默感。借用現場的交際語來實現張冠李戴的幽默，展現了邱吉爾的聰明機智。

借用交際語必須有一個前提，就是雙方都是當事人，都了解借用來代替的事物是怎麼回事。如果你將某處的交際語拿到另一個交際場合去張冠李戴，對方不明真相，你的幽默力量便無從傳遞，那麼幽默也就失敗了。

一名念小學二年級的女孩，上學前忘記背書包，父親責怪她：「上學忘記背書包，就像士兵上戰場忘記帶槍一樣。」過了幾天，女孩穿好鞋站在門口，對父親說：「爸，把槍遞給我。」父親先是一愣，接著了解到原來她又把書包忘在家裡了，她是用槍來代指書包。父親剛要發火，因女兒這句話富幽默感的話語，便笑了。

小女孩故意張冠李戴把自己的錯誤變成了幽默，讓爸爸開懷大笑的同時也不好再責備女兒；孩子已經記住了自己的教誨，而之前的錯誤也是無心之失。

張冠李戴的幽默在讓人發笑的同時引人思考，因為帽子的錯戴通常並不是無意的，而是人們故意為之，目的就是為了讓聽的人明白自己的心意。

幽默可笑的事情容易引起注意，讓人仔細地品味。很多事情不是字面

意思那麼簡單，只有用心去體驗才能發現其中的真意。幽默不是淺薄的東西，深刻才能形成幽默，在幽默中也能夠體會到深刻。

【幽默你的世界】

　　張冠李戴並不難，或許一個無心之舉就能達到效果。不過想要做到風趣又深刻並不容易，合適的情形、審時度勢的眼光，以及豐富的語言，都是不可或缺的。

　　例如，你經常和妻子開玩笑。妻子問你：「你最愛我哪一點？是我的天生麗質呢，還是我動人的身材？」你不妨故作一本正經地回答說：「我最愛你的這種幽默感。」

繞彎巧解：把「壓軸題」放到最後

曲折之美在於含蓄和內斂，不是直白，不是粗俗，而是彎曲間蘊藏著智慧。悠然前進，左轉右折，總是在最後才豁然開朗，其中滋味只有自己才能體會。

喜歡繞彎子的人一般來說都不是愚者，他們不喜歡平鋪直敘，而是喜歡把簡單的事情繞出個圈子，自己在旁邊高興地看著，這其中的樂趣只可意會而不能言傳。

馬克‧吐溫是美國的大作家，也是一個很幽默的人，他的演講總是十分精彩。一次偶然的機會，馬克‧吐溫與另一位作家一同應邀參加宴會。宴會上，兩位作家要發表演講，馬克‧吐溫首先發言。他一上臺便滔滔不絕地講了 20 分鐘，語言風趣，思想犀利，贏得了熱烈的掌聲。見此情形，另一位作家也被他深深折服。

當輪到那位作家演講時，他不慌不忙站起來，面有難色地說了一句：「諸位，實在抱歉，會前馬克‧吐溫先生約我互換演講稿，所以諸位剛才聽到的是我的演講，衷心感謝諸位認真的傾聽及熱情的捧場。然而不知何故，我找不到馬克‧吐溫先生的講稿了，因此我無法替他講了。請諸位原諒我坐下。」

聽了對方的這番話，馬克‧吐溫心知肚明，但是當著這麼多人的面又不好意思解釋什麼，所以只好很無奈地看著這位夥伴，然後向聽眾聳了聳肩。見此情形，與會者頓時大笑起來。

前面馬克‧吐溫的發言可謂妙語連珠，如果後面這位作家還中規中矩地進行演講，恐怕很難比馬克‧吐溫更吸引人，反而會引起聽眾的輕視。然而，他用簡單的幾句話，改變了整個局面，並使自己成為了最大的亮點，也把整個宴會的氣氛推到了高潮。

由此可見，要表達某些與眾不同的觀點，可以先拐個彎再說，效果會比直接表述更好。

著名語言學家林語堂，有一次應邀到某大學去參觀。參觀完畢，校長邀請他到餐廳和學生們一起用餐，林語堂欣然答應。校長覺得這是一次難得的機會，臨時請他和學生講幾句話。林語堂很為難，無奈之下，就講了一個笑話。

他說道：古羅馬時代，統治者常派手下將活人投到競技場，讓野獸吃掉，因為這些人就喜歡觀賞野獸吃活人那種鮮血淋漓、慘不忍睹的場面。有一天，統治者命令將一個反動演說家關進競技場餵獅子。這人見了獅子，並不害怕。他走近獅子，在它耳邊輕輕說了幾句話，只見那獅子掉頭就走，不去吃他了。看到這個場面，統治者感到十分奇怪，以為是這頭獅子肚子不餓，所以見了活人也懶得吃，於是又下令放出一隻餓了幾天的老虎。餓虎兩眼放著凶光撲過來，那位反動演說家依然鎮定自若，故伎重演，走到老虎旁，向它耳語一番。結果，那隻餓虎竟然也灰頭土臉地逃走了。

目睹這一切，統治者簡直難以置信，連忙將那人召來盤問：「你究竟

向獅子和老虎說了些什麼話，讓它們不敢吃你呢？」演說家不慌不忙地回答：「陛下，其實很簡單，我只是提醒它們，吃掉我當然很容易，可是吃了以後你得開口說話，演講一番你吃我的感受。」

林語堂的話音剛落，餐廳裡頓時掌聲雷動，大家笑得前俯後仰。唯獨那位校長臉色通紅，啼笑皆非。其實，林語堂講這個故事的目的是在委婉地告訴校長，演講並非易事，而強人所難更是不對的。

事實上，林語堂的這種繞彎巧解的幽默，很類似相聲中的「抖包袱」技巧，即一開始先慢慢地鋪陳，為下面埋著伏筆，等到最後時機一到，這個大包袱「啪」地抖響。因為有了之前的諸多伏筆，這個亮點就顯得自然而生動，效果很好。很多笑話就是基於這種模式而產生。

有四位好友一同出差，旅途中，他們閒聊起來。一個說：「我們四人認識很久了，但是肯定還有很多彼此之間不知道的缺點，不如趁此良機暢談各自的缺點，好讓我們增加了解呢？」其他三人都點頭同意。

第一個朋友說：「我愛喝酒，常常是見酒不要命，不醉不罷休。」 其他三人聽了，心想，這有點誇張啊，自己一定不能輸給他，於是使勁地吹牛。第二個人接著說：「既然老兄如此坦誠，我不妨也實話實說吧，我好賭，有時甚至想偷錢去賭。」第三個朋友說：「老兄們，我真是傷透腦筋了。知道嗎，我越來越喜歡鄰居家的一個女兒，一個有夫之婦。」

聽了這話，輪著第四個朋友了，他默不作聲，其他三人再三追問，他這才慢悠悠地開口說道：「唉，我真不知道如何啟齒呀！」 見此情形，其他三個人都保證不會告訴別人。這時，這個人說道：「是這樣的，我有一個改不了的毛病 —— 好傳閒話。」

這是一個很簡單的幾個人比賽吹牛的笑話，但是究竟誰吹得最

「牛」？很顯然，是第四個人，因為他把牛皮都給吹爆了。既然是彼此爆隱私，這些男人就開始信口開河，爭著說自己的缺點多麼地離奇，最後一個說的該如何突破傳統呢？那只能是反其道而行之了 —— 我有一個改不了的毛病，愛傳閒話。亮點就在這一句話中出現了，從而引發令人捧腹大笑的幽默效果。

【幽默你的世界】

作為壓軸的結尾，怎樣才能圓滿收場呢？就像上面那則笑話一樣，反其道而行之是不錯的辦法，亮點自然就出現了。

比如，在炫富的人面前，一句「我不但有車，還是自行的」，立刻讓其他的語言都成為浮雲。

再比如，當你面對自己不是很喜歡的表白者，你可以說：「你說……你喜歡我？其實……我一開始……其實我也……唉，跟你說了吧，其實我也挺喜歡我自己的。」

學會自嘲，真正的幽默是反躬自笑

錢鍾書先生說過：「真正的幽默是反躬自笑的，它不但對於人生是幽默的看法，對幽默本身也是幽默的看法。」的確，一個人如果能夠嘲笑自己，大致上也可覺察別人的可笑之處；能夠自嘲的人，通常其智慧也高；倒是那些在現實生活中以取笑他人為樂的人，才是大愚若智了。

乾隆年間，宰相劉墉性情放蕩不羈，不修邊幅，衣服破舊不堪，甚至露肘裸踝，但他自己對此並不在意。

有一天，皇上召見劉墉。君臣二人說話間，劉墉身上有隻蝨子正沿著他的衣領往上爬，最後竟慢慢爬到了他的鬍鬚上。乾隆皇帝看見這個場景，不禁偷笑，而劉墉竟渾然不覺，依舊對答如流。劉墉回到家，被僕人看見，想替他拿掉。這時，劉墉才恍然大悟：原來皇上是在暗笑自己身上有蝨子。

於是，劉墉一本正經地對僕人說：「不要弄死它，這隻蝨子多次爬上宰相的鬍鬚，又曾被皇帝細細觀賞過，福分太大了，你們都比不上它。」一聽此話，僕人掩嘴而笑。

劉墉借用自我解嘲的方式，讓自己反客為主。由此可見，面對嘲笑，千萬不要把時間花在思考對方抱有什麼目的、跟我過不去等等這些猜測，

而是要勇於正視自身的缺點和問題，不去介意言語的打擊，從而使頭腦冷靜下來，並能夠利用自身的缺陷，透過巧妙的語言化險為夷。

魏晉文人劉伶是喝酒的高手，也是自嘲的高手。劉伶醉酒之後，並非如死豬一般酣睡，他能妙語如珠，令人莞爾。他瘦小乾巴，其貌不揚，有一次喝醉酒之後，與人發生衝突，對方捲起袖子、伸出拳頭，準備「修理」劉伶。劉伶也把衣服撩起來，不過他不是來動武的，他露出一排排肋骨，慢條斯理地說：「你看看，我這雞肋骨上有您放拳頭的地方嗎？」那人大笑著離開了。劉伶及時地自嘲，有四兩撥千斤之效，不但免了一頓皮肉之苦，還留傳下來一段佳話。

有這樣一個笑話，丈夫要出國留學，他的妻子半開玩笑地說：「你到那個花花世界，說不定會有其他的女人『投懷送抱』呢！」丈夫笑道：「你瞧瞧我這副尊容：冬瓜臉，O型腿，站在路上沒有人要看啦！」一句話把妻子給逗笑了。

人們通常忌諱他人提及自己長相上的缺陷，但這位丈夫卻平靜地接受自己的先天不足，並不在意揭醜。這番自嘲展現了一種人生智慧，比一本正經地向妻子發誓決不拈花惹草的效果更好。

有一位身材矮小的男老師走上講臺時，學生們有的面帶嘲諷，有的交頭接耳、暗中取笑。假如這位老師用嚴肅的目光掃視一下，自然也能挽回面子，或者以拿破崙、愛因斯坦等名人為例，他們雖是矮個，卻作出了偉大貢獻，可見矮個多奇人、多偉人，這種說法或許能奏效。然而，這位矮個老師卻說：「上帝對我說：當今人們缺乏計畫，在身高上盲目發展，這將造成嚴重後果。我雖多次警告，但人們總是不聽。就派你先去人間做個示範吧。」一席話讓學生們都佩服老師的幽默，忘記了老師身材矮小的缺

陷。實踐證明，無論你自嘲的是優點還是缺點，都能使你的心靈輕鬆愉快，使自我價值得到昇華。

還有一位教師，雖然只有 40 多歲，但頭髮幾乎掉光了，露出了一大片「不毛之地」。他第一次上課，剛走進教室就聽到一聲「呵，好亮」的叫聲。等到他登上講臺，一名學生又低聲哼起了「照到哪裡哪裡亮」的曲調，引得全班同學哄堂大笑。這位老師走到那位學生旁邊，問道：「你叫什麼名字？」學生紅著臉站了起來。此時全班默無聲息，似乎在等待一場雷霆的爆發，可是這位老師輕輕地拍拍學生的肩膀，平靜地對他說：「請坐下吧，課堂上隨便唱歌不太好呀！」說完，這位老師又接著拍了拍自己的頭，爽朗地笑了起來，說：「不過，這也太顯眼，太引入注目了。你們也許聽說過『熱鬧的馬路不長草，聰明的腦袋不長毛』這句話吧。」兩句話又把全班同學逗得哈哈大笑。接著他乾脆在課堂上向同學們解釋因病脫髮的原因，最後，他還加了一句：「頭髮掉光了也有好處，至少以後我上課臺時教室裡的光線明亮多了。」他的話一說完，同學們又是一陣大笑，老師也開懷大笑。在笑聲中，師生之間完成了有效的溝通，拉近了心理距離，化解了可能產生的緊張和對立；在笑聲中，同學們感受到了這位老師的善良、可親、幽默、豁達。從此這位老師的教學效果也特別好。

由此可見，自嘲是不可多得的靈丹妙藥，別的招不靈時，不妨拿自己來開玩笑。不過值得注意的是，自嘲並不是自我辱罵，更不是讓自己出醜。我們在自我嘲諷時要把握分寸，既要超脫，又不應太過尖刻而感到屈辱。

【幽默你的世界】

自嘲既不會傷害自己，也不會傷害別人，是最安全的溝通方式。它可以用來活躍氣氛，增加人情味；可以用來穩定情緒，贏得自信；也可以用來作為拒絕之詞，增進雙方情誼。

假如你是一個很壯的男孩，和朋友在一起時不妨有意離得稍微遠一點。當朋友問你為什麼這樣做時，你可以回答說：「唉，其實我挺想和你們走得近一點，不過我怕擋住了你們的手機訊號。」

第六章

依樣畫葫蘆：模仿造幽默

幽默中的太極拳：以眼還眼，以牙還牙

　　現代人的生活壓力大，人們時常感覺難以控制自己的脾氣，有時候明明是小事情，也按捺不住火氣，要是遇到別人挑釁，就更忍不住了，不是大吵大鬧就是拳腳相加。但是，結果怎樣呢？打贏了、罵贏了也不過是一時的痛快，嚴重的還要付醫藥費，又結下梁子。更遑論自己成為輸家，有理的也變成沒理的了。

　　面對惡意的挑釁，究竟該如何有效應對呢？中國武術中的太極拳，便帶給我們這方面的啟示。太極拳以四兩撥千斤著稱，要說起以柔克剛，無物可出其右。同樣的道理，在談話的過程中，善用幽默能讓人不失風度地「兵不血刃」、「打敗」敵人，讓對方為自己惡毒攻擊你的行為或語言付出應有的代價。只要掌握正確的幽默方式，巧妙地以眼還眼，以牙還牙，往往就能讓你痛快地「忍無可忍，無須再忍」。

　　普希金（Aleksandr Sergeyevich Pushkin）年輕的時候，曾在某次舞會中邀請一位年輕的貴族小姐跳舞，然而對方不但拒絕他，還在同伴面前非常不屑地說：「我才不帶小孩子跳舞。」面對這句有意的嘲諷，要是換做一般年輕男士，不是忍氣吞聲，就是據理力爭，給大家留下和女人計較的無理形象。但是普希金卻表現得不同尋常，他先是不慌不忙地對那位貴族

小姐深深行禮，然後用充滿歉意的口吻說道：「對不起，女士，我不知道妳懷孕了不能跳舞，抱歉。」隨後就很自然地走到一旁去了。只留那位女士尷尬地站著，一句話也說不出來。其實，普希金的這句話並非沒有禮貌，按照社交禮儀，女士是可以拒絕邀舞的，但是出口諷刺就顯得不夠厚道，而普希金的「幽默」，正是找到了對方不得體的語言中的漏洞，運用諷刺，以牙還牙，所以那位女士只能自認倒楣。

事實上，運用幽默的方式對出口惡言的人以眼還眼，往往比和對方打一架更令人爽快和有成就感，然而卻又不知從何做起。換句話說，我們到底該如何巧用幽默才能達到「四兩撥千斤」的效果呢？

首先，自己要保持冷靜。想要「打倒對方」，自己就要先站穩，這是很淺顯的道理。如果你很容易就被對方三言兩語給激怒了，或許還沒等你使用幽默，自己的拳頭就已經揮出去了。想要拿起幽默的武器來有力反擊，我們首先要做的第一步就是冷靜、冷靜、再冷靜。

其次，尋找對方言語中的漏洞，「以彼之矛，攻彼之盾」是最高的境界。著名文學家蕭伯納（George Bernard Shaw）在這一點上做得很不錯。當世界各地發生饑荒，一位油頭肥腦的富商，故意拿蕭伯納消瘦的身形做文章，他對蕭伯納說：「看見你，我就知道現在全球饑荒的具體表現了。」諷刺蕭伯納落魄得像遭受饑荒的難民。豈料，蕭伯納聽完這句惡意嘲諷，不僅沒有惱怒，反而微笑著上下打量了富商一番，然後說：「看見你，我才知道世界為什麼會發生饑荒。」巧妙的反駁之辭，頓時弄得富商啞口無言。

還有個例子：一個賣掃帚的人去理髮店刮鬍子。理髮師向他買了一把掃帚。當理髮師替他理完髮後，問了一下掃帚的價錢。

賣掃帚的人說：「兩元。」

「不，不，」理髮師說，「我只出一元。如果你認為不夠的話，可以把掃帚拿回去。」

賣掃帚的人取回了掃帚，隨後問刮鬍子要付多少錢。

理髮師說：「五元。」

賣掃帚的人說：「我只能給你三元，如果你認為不夠的話，你可以把鬍子再替我裝上。」

上面這兩則故事都運用了「以彼之矛，攻彼之盾」的技巧，不僅趣味橫生，且充分讓人體會到了反駁的巧妙和有力。

再其次，猛烈攻擊對方的死穴。想要透過幽默徹底擊敗對手，要看準對方的「死穴」下手，打到對方最疼的部位，才能讓你的回擊達到最好的效果。

當然，想做到這一點沒那麼容易，仰賴個人的觀察力和社會經驗。一般而言，穿著一絲不苟的人愛體面，看起來像上班族的男人看重自身事業能力，而年輕女士呢，則最愛漂亮……總而言之，每個人看重的東西都是有跡可循的。

最後，要恰當地組織語言。並不是每個人都有快速的反應，也並非人人皆是語言運用專家。想要自如地運用幽默作為反擊的武器，大多數人都需要鍛鍊幽默意識、組織幽默語言的能力以及反應速度。

想要鍛鍊幽默的語言不妨從模仿開始。比如某部電視劇橋段，一對情侶買婚戒，男士因為有了二心，總是對女士百般挑剔，說她不會挑，說她品味低。這下子女士生氣了：「沒錯，我是品味低，所以才選你做男友；你品味高，所以你選中我。」這位女士的反駁之辭非常巧妙，而這段話也

被很多女性廣泛流傳，用來對付與自己意見不合的男友，既不會完全撕破臉，同時又能讓對方受到小小的警告。

所以說，幽默往往都是從模仿開始的，只要平時留心生活中的幽默語言，慢慢地累積、運用，不久以後，你也能成為一位快樂的幽默大師。

【幽默你的世界】

想要以幽默的語言擊敗對方，還可以使用「以己之長，攻彼之短」的技巧，即用自己先天存在的優勢與對方的劣勢進行對比，從而讓對方輸得無話反駁。

假如你的身材比較豐滿而高大，當有人嘲笑你比較胖時，你不妨這樣還擊：「我的胖是暫時的，而你的矮是永恆的。」

再比如，面對你的某些舉動，如果有人因為不理解而惡意嘲笑說：「你有病啊？」你可以反問他道：「你有藥嗎？」

「高射砲打蚊子」：大詞小用的趣味

　　日常生活中，似乎很流行「誇張」修辭，比如某些女孩遇到一點小事便故作驚慌，一邊拍著胸口，一邊喘著氣說：「好可怕哦！」以此顯示嬌弱。當然，誇張的用法不止是如此低階的，在某些語境當中，故意把大詞小用，也能產生意想不到的幽默效果。

　　有位著名作家很富有幽默感。一次，朋友帶著妻子和兒子來他家拜訪，雙方相談甚歡。

　　正談話間，作家突然發現，朋友的孩子穿著鞋子跳到了他雪白的床單上，但朋友和妻子並沒有看見。作家不忍床單被蹂躪，連忙微笑著對朋友說：「請把孩子帶到地球上來吧。」

　　朋友這才發現孩子闖了禍，連忙大笑著說：「好，我和他商量商量。」

　　孩子穿鞋跳到床單上，這是很讓人抓狂的行為，但作家並沒有使用不滿的言辭表現出不滿情緒，因為這樣可能導致雙方的尷尬；他玩了個大詞小用的花招，把「地板」換成了「地球」，這樣話語所表達的意味就大不相同，那淘氣的孩子似乎成了一名宇宙戰士，他的鞋子和床單之間的矛盾被淡化了許多，孩子的「新身分」成功地掩蓋了一切。雙方會心一笑，問題迎刃而解，誰都不會覺得尷尬。

一次，作家郁達夫請朋友上飯館吃飯。他擔心弄丟了錢，就把錢塞在鞋墊底下。

飯畢，郁達夫大大方方地脫了鞋子，從鞋墊底下抽出幾張鈔票，準備去結帳。朋友見到這一幕十分不解，疑惑地問：「你這是？」

「哎！」郁達夫風趣地說，「這個東西過去一直在壓迫我，現在也該輪到我壓迫它了！」

把錢塞到鞋墊底下，看起來多多少少有點「失身分」，然而郁達夫並不感覺尷尬，反而來了個人詞小用，幽默地調侃了自己一番。在郁達夫的話語中，「壓迫」二字原是指政治或經濟壓力，本屬較嚴肅話題，郁達夫卻拿來解釋自己把鈔票藏在鞋墊底下這種無足輕重且滑稽可笑的小事，讓人在輕鬆一笑中感受到了他的率真和可愛。

大詞小用幽默法，簡單易創造，幽默效果卻非同小可，我們不妨在日常生活中時不時地嘗試一下。

前幾天，朋友的母親安排兒子相親，她覺得對方女孩子不僅學歷高，家境條件也不錯，便一直提醒兒子要好好把握，別讓這樣的好對象給跑掉。然而朋友本人與女孩見了面後，覺得並不適合自己，因此當場就打電話給媒人婉言謝絕了。朋友的母親知道後很生氣，責怪兒子「不識好歹」。面對母親的責備，兒子無可奈何地說：「媽，你知道嗎，你見的照片和真人差太遠了，那都是 P 過的，其實她長得實在是……」說到這，朋友故意賣了個關了，沒有繼續講下去。媽媽著急地追問兒子：「長得怎麼樣？」兒子一本正經地回答：「唉，別提了，我只能用一個成語來形容，那就是慘絕人寰。」

這句話馬上就把母親逗笑了，同時也理解，兒子可能實在和那女孩不

投緣，於是就放棄繼續責備兒子了。用「慘絕人寰」來形容人的長相，確實是很誇張，但卻讓人不由自主地在腦海中描摹一副醜得不能見人的長相，如此幽默的效果也就達到了。

　　需要注意的是，大家在「大詞小用」的問題上不能太拘泥，應根據自己的理解靈活運用。譬如一位平凡的美國婦人，她稱讚自己的兒子比林肯總統還要聰明。她說，我的兒子 6 歲就會念〈葛底斯堡演說〉（The Gettysburg Address）了，林肯卻要到 50 歲時才會念。〈葛底斯堡演說〉是林肯在南北戰爭期間所作的一篇著名演說，至今仍被廣泛傳頌。這位婦人當然清楚自己的兒子未必比總統更高明，但是她很為兒子開始學習總統的演說詞而高興，便故意採用這種誇張的方式讚賞兒子。這也是一種大詞小用的幽默。

　　除了大詞小用外，我們也可以適當嘗試小詞大用、貶詞褒用和褒詞貶用等等，使用得當也能產生同樣的幽默效果。譬如有人形容自己愛看書，而且年齡越長越愛書，就說自己的「野心」隨著年齡「膨脹」，開始了「殖民擴張」，各種圖書都成了他的涉獵對象等等。「野心膨脹」、「殖民擴張」本屬於政治術語，常用在權術、侵略、戰爭之中，帶有一定的貶義色彩。但這裡用它形容對書的喜愛程度，反而產生出詼諧幽默的效果。當然，用詞的技巧不止這些，大家也可以舉一反三，創造屬於自己的獨特幽默。

【幽默你的世界】

　　在與人交談時，適當使用大詞小用幽默法，可以讓笑料層出不窮，逗得大家捧腹不已。

　　例如，當你和朋友在閒聊中調侃自己在家庭中地位「低下」的時候，不妨這樣描述：「唉，我在我們家，如果算上我家那隻貓的話，我位居

第四位。為什麼這麼說呢？因為我妻子是狀元，小女是探花，小貓是榜眼。」

再比如，你和好友鬧了點不愉快而不再來往，你就可以說已經和他「斷交」。而後來，你們又和好如初，你便可以說「我們又恢復了外交關係」。這樣使用分量重、語義範圍大的詞語來描述小事情，可以使你的話聽起來非常好笑，從而達到幽默的效果。

幽默的鋪陳：以假亂真

看恐怖片的時候，什麼情景最可怕？莫過於獨自在幽暗的環境中前行，剛剛覺得安全了，卻突然冒出可怕的東西，這是恐怖片裡常用的手法。恐怖片的目的是刺激人的害怕情緒，而幽默則是要逗人發笑，也屬於一種情緒上的刺激。就這一點而言，它們之間是有相似之處的，而最逗人的幽默就在於讓人在毫無準備的情況下，突然抖出「包袱」，使其樂得前俯後仰。因此，幽默也是需要鋪陳的。

為了達到這種效果，我們有必要事先為幽默打下最平淡的鋪陳，然後讓笑點一下子爆發出來。一相聲藝術便時常使用這種形式的幽默。相聲表演者們自己是不笑的，他們會很嚴肅地說著什麼事情，然後突然說出一句關鍵性的語句，這就是所謂的「抖包袱」，即前面所有的話都是為了最後一句作鋪陳。

相聲名家，已過世的馬三立老先生的相聲段子裡，這種鋪陳就表現得非常明顯。比如說有個段子，描述一位皮膚容易發癢的人，每天都要長時間泡澡來止癢。有一天他看見街上有人在賣止癢祕方，就買了一份。拿回家要打開時，發現藥被包裹了很多層。等這個人費了很大工夫打開最後一層後，發現裡面只有一張紙條，上面寫著：搔一搔。

　　當然，這個相聲這樣講起來可能讓人覺得有點小幽默，但並非那麼可笑。然而在大師的嘴裡，聽他非常詳盡地講述著這個人怎麼因為皮膚搔癢而難受，怎麼治都不管用，又講這個賣藥的人號稱賣的是祖傳祕方，接下來是這個人買藥，拆開藥的過程，這些都是為了最後一句作的鋪陳。如此一番準備下來，大家才會對最後出乎意料的結局而感到好笑。

　　當我們用一本正經的態度講述事情時，往往能把對方帶入由你創造的某種氛圍當中，接下來再不動聲色地揭穿謎底，必然會順利達到幽默的目的。但是想要使幽默成功，鋪陳的時候也要遵循一定的規律。就像表演相聲小品一樣，想要騙過觀眾，自己先不能笑場，否則就極有可能暴露你的目的，而一旦對方有了心理準備之後，幽默的效果就不會那麼明顯了。

　　除此之外，鋪陳的語言要有一定的真實成分，最好是假話摻著真話，才更能讓人深信不疑，從而對接下來的幽默開懷大笑。例如有這樣一個故事：某夫妻有一對兒女，孩子都大了，各自在外工作，其中兒子在一家餐廳的廚房工作。有一天，女兒打來電話，焦急地說：「媽，怎麼辦，怎麼辦？弟弟切菜的時候割傷腳了！」一聽說兒子受傷，做父母的肯定著急，於是就趕緊問傷勢怎樣。結果，女兒在電話那頭笑個不停，此時父母才反應過來：誰切菜會割到腳趾？原來，是女兒聽說弟弟切菜把自己的手指劃了個小傷口，於是就以假亂真，謊報病情，逗爸媽開心呢！

　　這個女孩之所以能夠成功騙到爸媽，在於她的話裡真假摻半：在飯店廚房工作不小心被菜刀割傷是非常有可能的，但是切菜切到腳上的機率就真的不大了。而父母關心兒子的心情迫切，只注意到「割傷」這個訊息，忽略了其中的關聯性，因此就相信了。由此可見，充分關注對方的心理，是作好幽默鋪陳的關鍵因素。而在這方面，阿凡提可以說是深諳其道。

　　一天，國王問阿凡提：「阿凡提，要是你面前一邊是金錢，一邊是正義，你選擇哪一樣呢？」「我願選擇金錢。」阿凡提認真地回答。國王說：「要是我呀，一定要正義，絕不要金錢。」「誰缺什麼就想要什麼，我的陛下。」阿凡提說，「你想要的東西正是你最缺少的呀！」

　　阿凡提不愧是一個超級語言大師，他在說出最關鍵的那句話之前，就早已埋下伏筆，而當對方正在迷惑不解時，最後才來個 180 度的大轉彎，一語點破，產生意想不到的幽默效果。

　　在這則故事裡，我們不難看出，阿凡提在回答「我願選擇金錢」時就早已製造了懸念來進行鋪陳，並引導國王走進自己設下的「圈套」，從而使國王與阿凡提的談話很快發生戲劇性的變化，有力地諷刺了表面上不選擇金錢，而實際上滿腦子金錢的國王。

　　還有一次，阿凡提到吝嗇的巴依家裡做客。巴依給自己盛了滿滿一碗優酪乳，但是給阿凡提的碗裡只盛了小半碗，還連聲說：「請呀，請呀！沒有什麼好吃的招待你，就喝了這一大碗優酪乳吧！」「巴依，請你先給我找來一把鋸子。」阿凡提說。「你要鋸子幹什麼？」巴依莫名其妙。阿凡提指著那盛了小半碗優酪乳的碗說：「這個碗的上半截不是沒有用嗎？我們先把它鋸下來，別讓它空著呀！」

　　這句話讓巴依無言可對，最後只好給阿凡提的碗裡添滿了優酪乳。

　　當我們在現代人際交往中運用這種幽默鋪陳的方法時，一定要在正確了解對方說話意圖、把握主題的前提下，巧妙地利用對方的言語，精心設計鋪陳，並順著這一主題娓娓道來，有條不紊，使之有張有弛，順理成章，才能恰到好處。否則，操之過急，露出「馬腳」，不僅不顯幽默，反而弄巧成拙，使對方產生反感，失去幽默力量。

【幽默你的世界】

運用鋪陳來製造幽默的另一種方式，可以在對話的同時提出問題，給對方回答的機會，然後藉助問題形式將對方從前面的鋪陳中引入「甕中」，接下來一切自然水到渠成。

比如，某次兒子考試成績不好，老婆很生氣，忍不住責罵兒子道：「唉，你太令我失望了，考這麼低的分數，你真是個蠢豬！」對此，你不妨平靜地對妻子說：「親愛的，我發現妳近來好像有特異功能了。」妻子此時必然會不解地問你是怎麼發現的。你可以這樣回答她說：「因為我看到，從妳嘴裡能吐出來那麼一個龐然大物。」

好風借好力：順水推舟秀幽默

　　如何才能使你的幽默聽上去渾然天成、毫無突兀艱澀之感？很簡單，學會順水推舟，藉助已經存在的語言環境，將你的幽默自然地「放進去」。就像是開挖溝渠，根據已有的水路，利用已經存在的地貌特徵，循著規律開挖，往往會更加省時省力。

　　英國大文豪蕭伯納的劇本《武器與人》（*Arms and the Man*）首次公演即獲得巨大成功。觀眾們要求蕭伯納上臺接受群眾的祝賀。當蕭伯納走上舞臺，準備向觀眾致意時，突然有人對他大聲喊叫：「蕭伯納，你的劇本糟透了，誰要看？收回去，停演吧！」見此情形，觀眾們大都以為蕭伯納肯定會氣得發抖。哪知道，蕭伯納非但不生氣，還笑容滿面地向那個人深深地鞠了一躬，很有禮貌地說：「我的朋友，你說得很好，我完全同意你的意見。」說著，他轉向臺下的觀眾說：「遺憾的是，你我兩人反對這麼多觀眾能造成什麼作用呢？你我能禁止這個劇本演出嗎？」蕭伯納話音剛落，全場就響起了一陣快樂的笑聲，緊接著是觀眾對蕭伯納暴風驟雨般的掌聲。那個挑釁者只好灰灰頭土臉地逃出了劇場。

　　面對挑釁者的汙衊，蕭伯納要是一味退讓，未免有失面子，若與之爭辯，非但無濟於事，還會在觀眾心中留下孤芳自賞、自命不凡的壞印象。

蕭伯納此時充分展示了其應變才能，巧用順水推舟的招數，憑藉觀眾對他的信任與支持，給予他的掌聲和喝采，把挑釁者推向群眾的對立面，使其孤立無援，狼狽而逃。

從這個故事中我們不難看出，在公眾場合裡，應時刻注意周圍群眾的情緒，盡量調動群眾來支持自己的觀點，巧妙地使出「順水推舟，誘敵深入」的招數，尋找出一個突破口，藉助群眾的力量，向對手施壓，使之無回擊之力。

有一次小劉搭公車，遇到一位隨便的司機，車開得忽快忽慢，外加緊急煞車，恨不得把乘客從車後甩到車前。見此情形，小劉看了看四周，恭維似地對司機說：「司機先生，您開車有很多年經驗吧？這樣的路況還能開出這樣的速度，真是不簡單。」乘客們看著這「馬屁精」大皺眉頭。小劉旁若無人地繼續對司機說：「司機先生，您肯定是開 F1 退役的吧，可是您看我們人家也沒受過坐 F1 賽車的訓練，您對我們的要求能降低一些嗎？」聽完這話，乘客們都會意地笑了，然後就你一言一語地勸司機開平穩點，免得出事。

考慮到周圍群眾進而順水推舟，我們可以逆流而上，也就是在逆境中使用幽默，換言之，在嚴肅或者氣氛不是很好的時刻使用幽默，以打破不好的氛圍，化解自己和他人的尷尬。這種情況適合擁有高段數幽默者使用，因為若方法不當，就會加劇現場的尷尬氛圍。

古代有個官員叫彭玉泉，一天，經過一條偏僻的小巷，一名女子正用竹竿晒衣，不小心把竹竿掉在彭玉泉的頭上。彭立時大怒，該女子一看是官員彭玉泉，嚇得魂不附體。不過，她很快鎮定下來，正色道：「你這副凶相，活像個行伍出身之人，所以蠻橫無禮。你可知道官員彭玉泉，清廉正直，要是我告訴他老人家，怕要砍了你的腦袋！」彭玉泉聽到這位女子

在誇獎自己，馬上轉怒為喜，心平氣和地走了。

這位女子不小心冒犯了官員彭玉泉，待其要發火之時，並沒有被嚇倒，反而極有心計地從容周旋。表面上，她是在讚美心中的官員，其實是在指責彭玉泉度量狹小，繞著彎子達到了目的，還平息了彭玉泉的心頭之火，使其轉怒為喜，帶著微笑滿意地離開了。這位晒衣女的招數運用得可謂嫻熟至極。

有人請阿凡提去講道。阿凡提走上講壇，對大家說：「我要跟你們講什麼，你們知道嗎？」

「不，阿凡提，我們不知道。」眾人說。

「跟不知道的人我要說什麼呢，還說什麼呢？」

阿凡提說完，走下講壇便離開了。

後來，阿凡提又被請來。他站到講壇上問：「喂，鄉親們！我要跟你們說什麼，你們知道嗎？」學乖了的人們馬上齊聲回答：「知道！」

「你們知道了，我還說什麼呢？」阿凡提又走了。

當阿凡提第三次登上講臺，又把上兩次的問題重複一遍後，那些自作聰明的人一半高喊：「不知道！」另一半則喊：「知道！」

他們滿以為這下難住阿凡提了，哪知道，阿凡提笑了笑說：「那麼，讓知道的那一半人講給不知道的另一半人聽好了！」說著揚長而去。

阿凡提的過人之處就在於他利用「知道」與「不知道」這兩個不具體而虛幻的原因，從而推理出與大家希望完全相反的結果，以不變應萬變，不管對方如何變幻情況，理由也跟著變幻，而行為卻一點不變。這就是「順水推舟」法使你在社交中能夠超凡脫俗、瀟灑自如的妙處。

某天，張強到一家飯店吃飯，點了一盤龍蝦。當龍蝦端上來之後，張

強發現盤中的龍蝦少了一隻蝦螯，就請飯店老闆給個解釋。

老闆先是道歉：「真是對不起，先生，您知道，龍蝦是一種殘忍的動物。所以，您點的這隻龍蝦可能恰巧在與同伴打架時被咬掉了一隻螯。」張強聽了，不疾不徐地回答說：「既然是這樣，那就請你給我換一隻打贏的龍蝦吧！」老闆自知理虧，只得吩咐員工按照顧客的要求重新上菜。

在這場對話中，老闆與張強都沒有口出惡語，而是巧妙地運用幽默，讓一場可能引起糾紛的事件在輕鬆活潑的氣氛當中平息了。假如張強暴跳如雷、大動肝火，恐怕會是另一個結果。言語幽默的魅力在於，話並不明白直說，卻讓人透過曲折含蓄的表達方式心領神會。「順水推舟」，富有幽默性的方式往往比針鋒相對更能有效地處理問題。

「一句話說得人跳，一句話說得人笑」，說的就是使用不同的話語就會產生不同的效果。所以，我們在與人交談時，應掌握幽默的藝術和技巧，這樣才能在展示口才的過程中，化劣勢為優勢，變危機為轉機，談笑間無往不利。

【幽默你的世界】

培根（Francis Bacon）曾經說過：「善談者必善幽默。」在一些論辯場合裡，巧妙使出「順水推舟，誘敵深入」的幽默招數，尋找突破口，能收到「雖沒千斤之鼎，卻能給對手精神重壓，使其毫無回擊之力」的功效，最後讓對方折服，甘拜下風。

比如，你和妻子吵架了，妻子懷疑你做了什麼壞事，但事實上你是冤枉的。這時，不妨拿起桌上的一顆小白菜說：「我比它還冤呢。」然後再順便拿起旁邊的一塊豆腐說：「讓我撞死在上面得了。」這樣的幽默往往能讓你們之間的誤會煙消雲散。

當幽默遇上比喻

　　事實上，很多幽默的發揮，都少不了比喻的幫助。比如說，媽媽問女兒：「今天早晨妳自己坐公車上學，感覺怎樣？」女兒答：「唉，別提了！就像是我們家包的餃子似的。」媽媽好奇地問：「怎麼說？」「餡兒滿得都快要溢出來了。」聽了女兒這句幽默的話，媽媽立刻就被逗笑了，同時意識到女兒坐公車上學的艱辛，於是此後就盡量抽空送女兒上學。

　　比喻不但是幽默的一種形式，還能令幽默錦上添花，比喻讓許多抽象或模糊的概念變得具體、形象，又不會讓人感覺呆板。就像上面這個故事，如果女兒只說坐公車很擠，可能一點也不幽默，但是加上一個恰當的比喻後，不禁引人發笑，還給人留出想像的空間，讓人在心裡不斷描摹那種擁擠不堪的情景。

　　該怎樣巧妙運用比喻來製造幽默？

　　一般而言，運用比喻製造幽默需要把握兩件事物的相似點，使表達自然得體，不露痕跡，給人天衣無縫之感。只有這樣，才能產生讓人發笑的幽默效果。

　　有位經理很不喜歡女下屬沒事時聚在一起閒談，就批評她們說：「妳們唧唧喳喳，一個人的音量相當於五百隻鴨子的分貝，吵得我頭疼。」

沒過幾天，一名女下屬向他報告：「經理，門外有一千隻鴨子找你。」領導一臉不解地走出辦公室一看，才發現原來是自己的妻子和女兒來了。

女下屬根據鴨子的呱呱叫與女職員聊天的唧唧喳喳相似之處，照搬經理的說辭，自然天成，無疑增添了談話的樂趣。

在談話中，使用比喻，常常可以讓話語變得妙趣橫生，詼諧幽默，耐人尋味。它就像魔法棒，指到哪兒，都會產生神奇的魔力。

有位老師談到自己之所以能桃李滿天下，有其為師之道：「我覺得，一群學生就像繽紛多彩的花園。其中各式各樣的花都有，他們各有各的美麗，沒有必要讓所有花都長成同一個模樣。我要做的，只是悉心照顧，拔除雜草，讓每朵花都能成材。」

這位老師沒有侃侃而談如何讓學生成才，只用比喻的方式，令原本枯燥的道理講述變得生動且深刻，讓聽者很容易就了解這位老師的意思，其中借用比喻所產生的幽默功不可沒。

當然，除了這種本體和喻體有相關性的幽默，刻意追求兩者之間的差異性也能促成幽默感的產生，並且差異越大、不協調感越強，幽默感也越強。

有一天，愛因斯坦（Albert Einstein）向某位年輕人解釋相對論，他生動而幽默地打了個比方：「當你在一位美麗的女孩身旁坐上兩個小時，你會覺得好像只坐了一分鐘；但是在邋遢的乞丐旁哪怕只坐上一分鐘，你卻感覺好像坐了兩個小時，這就叫相對論。」

人之間的相處與相對論原本是風馬牛不相及的兩件事，但是前者與日常生活有關，且容易理解，因而能產生幽默效果。愛因斯坦深諳事物的差異能促成幽默感產生，因而採用這種比喻的方式，讓原本複雜的理論變得

簡單易懂，也顯示出一名嚴謹的科學家在生活中幽默的另一面。

此外，要注重比喻語言的形象性。那些讓人感到別緻、出乎意料、乖巧詭詐的比喻是導致幽默滑稽的最佳元素。

一名縣官跟上司談完公事後，上司問他：「聽說貴縣有猴子，不知道都有多大呢？」縣官回答說：「大的有大人那麼大。」一說完，這個縣官知道自己說錯話了，趕緊補充說：「小的有奴才那麼小。」

縣官在說話失禮冒失之後，情急之中趕緊比喻補救，貶低自己，以示道歉，更是拍馬屁，令旁人啞然失笑。

還有，想要妙用比喻來顯示幽默，一定要天馬行空地思考，你的比喻才會顯得新奇，使人印象深刻。比如外面下著大雨，你對別人說外面雨大得像水盆傾倒一樣，大家一般不會發笑，因為我們早已熟知「傾盆大雨」這樣的詞，所以不會感到新奇。但是如果你說外面雨大得像在下蛤蟆，這時候很可能就有人會笑了，因為很少有人會將下大雨和下蛤蟆連繫在一起。

1945 年，羅斯福（Franklin Delano Roosevelt）第四次連任美國總統。美國一家著名報社的記者採訪他，請他談談連任的感想。羅斯福沒有正面回答，而是很客氣地請這位記者吃一塊三明治。記者覺得這是殊榮，便十分高興地吃了。總統又微笑著請他吃第二塊。記者覺得情不可卻，又吃了下去。不料總統又請他吃第三塊，他的肚子雖已不需要了，但出於禮貌，他還是勉強地吃完。

誰知總統在他吃完之後又說：「請再吃一塊吧！」

記者一聽啼笑皆非，因為他實在吃不下了。

羅斯福這才微笑著說：「現在你不需要問我對於第四次連任的感想了吧？因為你自己已經感覺到了！」

羅斯福透過請記者連吃四塊三明治，來比喻四次連任美國總統的體會。借比喻事例中的道理，來深入淺出地說服對方，真是妙不可言。

最後，幽默的比喻還可以透過概念的混淆來完成，尤其是以高尚的喻體來形容低劣的本體，這種心理落差往往也會產生幽默感。比如有人描寫流浪漢的生活，寫他靠撿垃圾為生，時間一久，竟也有了自己的「地盤」，有幾個固定的垃圾桶，由他每天去撿垃圾。於是他每天都邁著老爺似的步伐，去「巡視」自己的「領地」……如果作者不運用比喻，而是直接寫流浪漢每天固定去翻撿這幾個垃圾桶，便缺乏趣味性，然而把「巡視」、「領地」等這幾個「高貴」的詞語用在這個流浪漢身上，就讓人產生了好笑的感覺。

總之，在日常人際交往中，恰當地運用比喻來開玩笑，製造幽默，增加生活的樂趣，同時也是練就好口才的方式。缺乏幽默的話是乏味的，人們一般不喜歡太嚴肅的話題，因此適當地添加幽默的內容，創造輕鬆的氣氛，交往也會更順利。

【幽默你的世界】

用比喻製造幽默時，說話要自然得體、不露痕跡，給予人天衣無縫的感覺，才可以令人發笑，甚至從中受到莫大的啟示。

比如，當你的一個好友與女友吵架了，心裡鬱悶萬分。對此，你不妨這樣勸慰他：「兄弟，想開點，戀愛就像是做飯，先認識的時候是看著順眼，沒有熟到心裡，兩個人在盛著水的鍋裡分分離離，游離不定。但是你不用擔心，慢慢地兩個人在一起的時間長了，熬得透了，熟到家了，也就順其自然，黏黏糊糊，再也分不開了。所以我勸你還是趕緊給你女朋友道歉和好吧！」

第七章

日常交往的幽默

初次見面，用幽默來拉近彼此間的距離

　　眾所周知，人與人之間的交往，第一印象很重要，無論你說了什麼，還是做了什麼，在別人的心目中都已經留下了烙印，而這個烙印好不好，往往直接關係到日後你與對方交往的走向。因此初次見面時，除了要注意衣著的乾淨、得體外，更要運用幽默的語言，點燃對方與你交往的熱情，從而拉近彼此的距離。

　　一次，小張到朋友王強的家赴宴。由於是初次造訪，剛見到面，王強的家人都顯得有些緊張和拘束。見此情形，小張笑道：「王強邀請我來的時候，告訴我說：『你到了我們家之後，只需用手肘按門鈴即可。』我問他為什麼非得用手肘按，他說：『你總不至於空著手來吧？』」

　　聽完這句玩笑話，王強的家人頓時被逗得哈哈大笑，氣氛很快就緩和了很多。

　　一句看似簡單的幽默，卻很有效地為小張開啟了與人初次溝通的大門，從而讓對方對他心生好感，彼此間的陌生感也大大減少。其實，不論你是在別人家做客，還是在自己家待客，都希望營造輕鬆幽默的氣氛。試想一下，假如你對著客人面帶怒容或者神情憂鬱，誰還會樂意日後繼續與你交往？有些人之所以受人喜歡，擁有廣泛的人脈，往往不僅是因為他的

才華，更主要的原因是他擁有擅長活絡氣氛的幽默感。

　　羅伯特（Robert Green Ingersoll）是美國著名的演說家，他生平結交了很多朋友，其中有些是文字之交，且之前從未見過面。羅伯特六十歲生日的時候，這些朋友來看他，為他祝壽，言談中顯得很拘謹。席間，有個朋友看見羅伯特的頭禿得厲害，就好心勸他不妨戴頂帽子。羅伯特卻幽默地回答道：「其實你們不知道光頭的好處，因為光頭，我是第一個知道下雨的人！」這句玩笑話一下子就使聚會的氣氛變得輕鬆起來。

　　有位心理學家曾說：「如果你能在初見面時使一個人對你有好感，那麼你也就能夠使你周圍的每一個人，甚至是全世界的人，都對你有好感。所以你不能只是握手寒暄，而是要透過你的友善、機智、風趣來傳達訊息，這樣距離感就會消失。」的確，初次見面對於形象的樹立以及日後的交往十分重要，因而我們都會在初次見面時特別注意行為舉止，比如不要說錯話、不遲到等，但是俗話說「天有不測風雲」，有時難免會遇到特殊情況，從而導致無法避免的錯誤。遇到這種糟糕的情況，不妨運用幽默來為救場，藉此消除對方心中的不滿，同時為自己的第一印象加分。

　　有位教授第一次到某大學講課，不巧途中遇到了一場大雨，叫計程車也很難。無奈之下，教授只好徒步匆匆趕往學校。當他撐著雨傘奔到授課地點時，已經晚了十幾分鐘，一推開教室的門，迎接他的是幾十雙清澈而明亮的眼睛，當然其中還有一些懷著不滿情緒的抱怨聲。

　　見此情形，教授心中很內疚，為自己的遲到感到抱歉。他走上講臺，先是對著臺下的同學們深深鞠了一躬，然後微笑著說：「真是不好意思，讓同學們久等了。你們看，我是講「公共關係學」的，但和老天爺的關係沒處理好。瞧，他的態度一點也不歡迎我……」教授這幾句包含幽默的道

歉頓時激起了同學們的笑聲和陣陣掌聲。就這樣，教授初次上課便遲到的尷尬早已消失得無影無蹤。

還有一個姓趙的中學老師在接管了一個新班級後，首次面對講臺下幾十張陌生的學生面孔，很幽默地作了如下開場白：「大家好！我很榮幸成為你們的班主任。看到你們 42 張年輕的笑臉，我毫不懷疑我們將共同度過一段令人懷念的日子。我叫趙東海，『東』是『東海』的『東』，『海』是『東海』的『海』。這是我的手機號碼，0912345678，全天 24 小時開機，歡迎騷擾。還有我的臉書帳號，465*89*74，不要忘了加我為好友⋯⋯最後是我的提款卡密碼，123456，以後你們誰要是僥倖撿到了我的錢包，一定要記得取點零用錢⋯⋯」

這番風趣的開場白馬上就引起臺下一片哄堂大笑，同學們一下子就喜歡上了這位年輕帥氣的新老師。待笑聲停歇，這位趙老師又微笑著補充了一句：「現在進入自由提問時間，你們還想了解我什麼，儘管問。」有位調皮的男生問：「老師，你有女朋友嗎？」趙老師搖了搖頭。「那你喜歡什麼樣的女孩子呢？」這位男生不依不饒地追問道。

趙老師清了清嗓子，微笑著回答說：「我喜歡的女生，想必大家都很熟悉，她有一頭烏黑的頭髮，還有一個妹妹，帶著嫁妝，趕著馬車來投奔我⋯⋯」

這幾句話更讓同學們樂不可支，大家都對這位新來的班主任產生了好感。

這位姓趙的老師採用幽默的語言，和學生們輕鬆地溝通，很快就降低了彼此間的陌生感，讓大家很快就喜歡上他。試想，如果他在與學生的初次見面交流中，擺出嚴肅認真的態度，一本正經地回答學生的提問，相信

這次課堂見面就不會這樣輕鬆愉悅了。

　　由此可見，幽默是緩和氣氛的良劑，不論在什麼時候，什麼場合，它往往都能幫你開啟與陌生人良好溝通的大門，從而給對方留下深刻而又美好的第一印象。

【幽默你的世界】

　　富有幽默感的人總是讓人印象深刻並受到歡迎，尤其是在與陌生人首次見面交流的時候，幽默的談吐往往要比體面的外表更能吸引別人，讓人感到輕鬆愉快。我們不妨在初次見面時，在趣談自己的名字上動動腦筋。

　　例如，你叫「李小華」，在自我介紹時可以這樣說：「你好，我叫李小華，木了李，人小的小，中華的華。都是幾個沒有任何偏旁的最簡單的字，就像我本人，簡簡單單、快快樂樂。但簡單並不等於沒有追求，相反，我非常渴望能交到更多真心朋友⋯⋯」如此幽默式的自誇，必然在博得對方一笑的同時留下深刻的印象。

真誠的幽默可以加深朋友間的感情

現代社會，人脈就是財富，擁有廣泛的人際關係往往讓我們更快地獲得成功的青睞。而在與朋友相處時，巧妙運用真誠的幽默，不僅為朋友間的交往增添樂趣，還能讓你在朋友中間更受歡迎，提高你的影響力。

北宋神宗年間，著名文學家蘇東坡因反對新法，被貶黃州，一住就是數年。一天傍晚，蘇東坡與好友佛印和尚泛舟長江。正在兩人舉杯暢飲，談詩論道之際，蘇東坡忽然用手一指江岸，對佛印笑而不語。見此情形，佛印心中很是納悶，於是就順著蘇東坡的手勢望去，只見一條黃狗正在津津有味地啃骨頭。瞬間，心有靈犀的佛印馬上就明白了好友東坡的暗示，隨即起身將自己手中題有蘇東坡詩句的扇子拋入水中。之後，兩人面面相覷，不禁開懷大笑起來。

原來，蘇東坡與好友佛印在對一副啞聯。蘇東坡的上聯是：狗啃河上（和尚）骨，而佛印的下聯則是：水流東坡屍（東坡詩）。

這副啞聯對得可以說是天衣無縫，美妙絕倫，但是最令人稱讚的不是對聯本身的內容，而是蘇東坡與好友佛印之間的默契。一個笑而不語手指江岸邊正在啃骨頭的黃狗，而另一個則是心領神會後馬上起身把扇子扔進江水中。相信經過這次的幽默溝通，兩人的友誼會更加牢固，彼此之間的

感情也會大大加深。

還有一次，佛印聽說東坡要到寺裡來拜訪，就趕緊叫人煮了一盤東坡最愛吃的紅燒酥骨魚。魚剛做好，蘇東坡也正好到了門外。聽到東坡的腳步聲，機智的佛印眼珠一轉，準備跟好朋友開個玩笑，於是就順手把做好的魚藏在一旁香案上的一只銅磬中。但是蘇東坡鼻子很靈敏，在門外就聞到了魚的香味，以為又有魚吃了，進來一看，飯桌上沒有魚，而香案上的銅磬卻倒扣著，於是他馬上就明白是怎麼回事了，但是表面上卻佯裝不知，一坐下來之後就開始唉聲嘆氣。

看見好友如此悶悶不樂，佛印關心地問道：「大詩人，你平時都是笑口常開，今天這是怎麼回事？」

蘇東坡長嘆一聲回答：「唉，你有所不知啊，今天早上我碰到一個高手，他出了個上聯要我對下聯，可是我想了整整一個早上，才對出四個字。」

佛印疑惑地問道：「是嗎？你東坡才華橫溢，難不成還有被別人難倒的時候？說說看，他的上聯是怎麼寫的？」

「向陽門第春常在。」蘇東坡脫口而出。

一聽此話，佛印覺得好笑，這副對聯早已經老掉牙了，無人不知無人不曉，莫非東坡是想存心耍我？嗯，先別急，靜觀其變，先看看他葫蘆裡到底賣的什麼藥。於是佛印就裝作若無其事的樣子接著問東坡：「那你對出的是哪四個字？」

「積——善——人——家。」蘇東坡故意慢慢地一字一頓地念出來。

佛印不假思索地大聲接著說：「慶——有——餘。」聽到這裡，蘇

東坡忍不住哈哈大笑起來，說：「既然磬（慶）裡有魚（餘），為什麼不早拿出來品嘗呢？」直到這時，佛印才恍然大悟，知道自己中計了，於是也哈哈大笑起來，馬上取出那盤紅燒酥骨魚，和東坡開懷暢飲起來。

　　大家看，蘇東坡巧妙運用諧音的方式，點出了佛印將魚藏在磬裡的小把戲，讓氣氛變得快樂、融洽的同時，也讓佛印感受到了這位大文學家信手拈來的智慧，以及兩人感情之深。由此可見，知己好友間真誠的玩笑、戲謔，不僅可以增添情趣，還能加深默契，增加彼此的信任度，讓友誼地久天長。

【幽默你的世界】

　　李白曾說：「人生貴相知，何用金與銀。」的確，人與人之間的交往，不以貧富來論，而是貴在心靈上的溝通。所以，要想與朋友產生心靈上的共鳴，加深感情，一定要學會運用真誠的幽默去感染對方。

　　比如你和某個剛認識不久的朋友談論諸如天氣、物價等這些無聊的問題，此時難免有一種沒話找話的侷促感。要想打破這種尷尬，你不妨真誠地說：「老實說，我實在很想中止這種無聊的話題，但我不敢，因為我怕因此而中止了我們剛建立的友誼。」這句話肯定會讓對方深有同感，於是接下來的談話內容也就會很自然地轉往雙方感興趣的事物，進而在談話中加深友誼。

讚美和拒絕都容易讓人接受的一大奧祕

　　誰不喜歡被別人讚美？古語講得好：「良言一句三冬暖，惡語傷人六月寒。」在日常交往中，我們若懂得適時地讚美別人，肯定會大大融洽雙方關係，讓對方對你心生好感。但是如何讚美才能恰到好處？這裡面同樣有大學問。如果你只是赤裸裸地對別人說出恭維之辭，直白平淡，勢必會被認為是「拍馬屁」，甚至讓對方感到尷尬。然而運用幽默的策略來表達讚美，效果就不一樣了，不僅能夠有效維護對方的自尊心，讓他覺得滿足和開心，而且還能令關係迅速升溫，成為人脈大贏家。

　　威爾遜是美國當代的大藝術家，他家的男傭人也是一個雕塑迷。有一次，威爾遜的好友，著名的大雕塑家鮑克里應邀到他家做客。那位男傭看到自己久仰的名家，心情很是激動，因此在倒茶時不小心打翻了杯子，潑了鮑克里一身。見此情形，威爾遜心裡很惱火，連忙一邊責怪男傭一邊向鮑克里道歉。但是男傭頭腦也很機智靈活，他連忙很恭敬地對自己崇拜的偶像鮑克里說道：「真是對不起，尊敬的鮑克里先生，平時我給普通人倒茶是絕對不會潑掉的。」這句話說得很妙，言外之意是鮑克里先生您不是一個普通人，見到您這樣的人，我心情太激動了，所以才手忙腳亂。鮑克里聽了這句包含幽默的讚美之辭後，心中大為感動，他不僅原諒了男傭的

過失，而且還誠懇地對他說：「這是我一生中聽到的最美的話。」

男傭一句簡單的話語，不僅迅速化解了尷尬的場面，而且還巧妙地表達了對鮑克里的誇讚，可謂「一箭雙鵰」。所以說，運用幽默去讚美別人，往往具有不可思議的魔力，誰都喜歡聽，並且聽著心裡無比舒服。

有位身材很不錯的女明星，新買了一件收腰的短上衣，興沖沖地邀請女友品評。女友看見她穿上這件短上衣後，身材看似洗衣板，很彆扭，於是不假思索地說：「這件衣服不適合你。」一聽此話，剛才還一臉興奮的女明星情緒頓時低落下來，一臉的不高興。看到這種情形，女友急中生智，馬上笑呵呵地說：「妳看妳的身材多好啊，苗條、修長，如果穿上那種寬鬆肥大長至膝下的衣服，肯定會更加顯得神采飄逸、瀟灑大方。但是那些又矮又胖的人就穿不出這種氣質。」聽罷這句話，女明星頓時轉怒為喜，愉悅地接受了好友的建議。

這位女友所說的話很巧妙，看似恭維，其實包含了無限的玄機：不僅委婉地暗示出了這件收腰的短上衣不適合女明星的身材，而且還誠懇地指出了其擇衣適合的標準，同時又用「苗條」、「修長」這樣美好的詞語誇讚了對方的身材優點，又用矮胖之人作比較，在顧及對方自尊心的情況下，也讓她聽著心裡高興，從而樂意接受建議，可謂是高明之極。

不僅是讚美別人時巧妙運用幽默可以達到出乎意料的好效果，在拒絕別人的情境，若能加入一些幽默的佐料，往往也更容易被接受。

啟功先生是中國著名的書畫家，由於名聲遠揚，一九七〇年代向他求學、求教的人很多，啟功先生當時所住的小巷裡，前來拜訪者的腳步聲和敲門聲整天不斷。對此，啟功先生很無奈，經常對別人自嘲：「唉，看來我真成了動物園裡供人參觀的熊貓了。」

有一次，啟功先生得了重感冒，起不了床，他擔心又有人來敲門拜訪，於是就靈機一動，在一張白紙上寫了這麼四句話貼在大門上：「熊貓病了，謝絕參觀；如敲門窗，罰款一元。」看到這張紙條，拜訪者很知趣地走掉了。不久後，這件事被著名漫畫家華君武先生知道了，他信手拈來，畫了一幅畫，並調侃地註釋：「啟功先生，書法大家。人稱國寶，都來找他。請出索畫，累得躺下。大門外面，免戰高掛。上寫四字，熊貓病啦。」後來，啟功先生的好友黃苗子得知啟功一直被求教者困擾的煩惱後，為了替老友排憂解難，他馬上在報紙上發表了一首名為《保護稀有活人歌》的詩歌，這首詩歌寫得也相當風趣，末段寫道：「大熊貓，白鱀豚，稀有動物嚴護珍。但願稀有活人亦如此，不動之物不活之人從何保護起，作此長歌獻君子。」旨在呼籲人們應該真正關愛老年知識分子的健康。

這幾則圍繞啟功先生拒絕拜訪者的說辭很是幽默、委婉。而事實上，作為一代書畫大師，直截了當地拒絕人們的所求，並不符合啟功老先生做人處事的原則，他之所以採用如此幽默的拒絕方法，其實是不得已而為之，畢竟他自己的身體支撐不起。然而就是如此風趣的拒絕，更容易讓人們接受和理解。試想，假如啟功先生當初沒有費盡心思運用此法，表白拒絕之意，而是直截了當地說「NO」，那麼相信不少人都會對他心生非議，誤以為他是自恃有才，清高孤傲，這樣一來，肯定為啟功先生的名譽帶來不小的損害。

由此可見，不管是讚美還是拒絕別人，採用幽默式的說辭所帶來的效果往往大不相同。所以在日常生活中，面對讚美和拒絕，要充分運用幽默，舌綻蓮花，多注意方式，多講究藝術，讓對方更容易接受，且避免引起他人的反感和誤會。

【幽默你的世界】

　　運用幽默來讚美別人往往要比直白的恭維效果更好，比如你遇見個子高的朋友，不一定非要說：「哎呀，你看起來真是玉樹臨風，風流倜儻，年輕的時候也是個籃球健將吧！」這樣讓人聽起來有刻意逢迎之嫌。不妨換個說法：「個子高真好啊，呼吸的都是新鮮空氣！」這樣的話常會讓人聽著感覺更自然、舒服。

　　同樣的道理，以幽默來拒絕別人，也要講究技巧。比如有朋友向你借錢，你若是不肯，不妨調侃他：「錢不是問題，問題是沒錢啊，我也想借你錢，可是現在……」這樣肯定要比直截了當地說「不借」更能讓對方理解和接受。

突破「困境」，用舌頭而不是用拳頭

在人際交往中難免會發生一些小摩擦。當衝突發生時，只有那些缺乏幽默的人，才會把事情弄到不可收拾的地步；而富有幽默感的人，他們總是能在不利的情況下，用幽默的嘴來突破困境，為自己解圍。

有位商人在某家大飯店宴請客人。席間，正當大家談笑風生，吃得很高興的時候，一位服務生在斟酒時不小心碰掉了商人的筷子。見此情形，商人心中非常不高興，認為吃飯的時候掉了筷子，是不吉利的徵兆。而就在這尷尬的關頭，一旁的領班看到後急忙走上前，一邊彎腰拾起地上的筷子，一邊笑著說：「這位先生，恭喜您啊，看來您的運氣來了，筷落，當然就是快樂，這預示著您的業務肯定會一帆風順，過得快快樂樂。」

領班的幾句話效果非同凡響，馬上就讓商人轉怒為喜，飯桌上的氣氛重新又活躍起來。

這位領班的確聰明至極，她巧妙運用諧音的方式，把「筷落」說成「快樂」，很輕鬆地就化解了商人心中的怒火，讓尷尬的氣氛恢復融洽。

然而在現實生活中，並非所有飯店的服務生都能像上面這位領班一樣善用幽默來解圍，比如下面這位，但僥倖的是，她雖然不懂得用幽默來化解困境，卻有幸遇上了一位幽默的客人。

另一位老闆在飯店宴請客戶，新來不久的年輕女服務生在端酒時不慎把酒灑了一滴到老闆的禿頭上，這位老闆馬上用手摸了一下光頭，生氣地看了看服務生。見此情形，服務員嚇得手足無措，幾乎都要掉淚了。看到對方這個樣子，大度的老闆馬上笑著對她說：「你以為這是生髮劑啊，我都用了快一箱了，沒用！」一聽此話，服務生破涕為笑，而在場的嘉賓也都紛紛鼓起掌來，都誇讚老闆化解危機的能力。

從這兩個事例中我們不難看出，幽默風趣其實是一種應變技巧，能幫助我們在瞬息之間擺脫窘境。還有一位詩人，也很擅長用此法來化解尷尬局面。有一次，這位詩人應邀到某大學中文系作家班舉辦學術講座。在談到自己的詩作時，這位大詩人一時興起，準備朗誦一段自己剛寫的新詩。由於詩稿事先放在臺下某個學員的課桌上，於是詩人就走下講臺去拿。教室是階梯式的，詩人上臺階時，一不留神跟蹌跌倒在第二級臺階上，引得學生哄堂大笑。

碰到這種尷尬的場面，詩人心裡很惱火，但他還是從容地站起身，轉向學員，指著臺階說：「你們看，上一個臺階多麼不易，生活何嘗不是如此？作詩也是這樣。」這句話馬上博得了滿堂掌聲。待掌聲停歇，詩人又笑了笑，接著說道：「一次不成功不要緊，再努力！」說完，他佯裝很用力的樣子，繼續走上臺階，開始他的講座。

試想一下，如果這位詩人當時不懂得運用幽默來為自己解圍，而是心懷怒氣地對著學生們大喝一聲「笑什麼笑！」，勢必會讓氣氛更加難堪，增加與學生之間的敵對情緒，讓這次的講座不歡而散。

所以說，對於生活中並非故意而為的尷尬困境，如果我們能夠適當地幽默一下，免於難堪的效果會更好。

一九六〇年代，有位導演到深山裡體驗生活。一天，導演正在山裡行走，忽然遇到暴雨，他左顧右看，發現不遠處有一間茅屋，於是來不及敲門就直闖而入，不巧卻碰見屋裡有對老夫婦在床上親熱。那位導演頓時進退不是，非常尷尬。豈料，那位老翁並不在意，而是笑著操著濃重的鄉音調侃道：「下雨天沒得啥子事做呦。」老婦也趕緊插言道：「是啊，閒著也是閒著，也省得餓肚皮呦。」

聽著老夫婦倆的一唱一和，這位導演頓時被逗笑了。就這樣，一場突如其來的尷尬因這對老夫妻的幽默而輕鬆地化解了。

舉世聞名的大發明家愛迪生（Thomas Alva Edison）在致力於發明白熾燈泡時，有位缺乏想像而又毫無幽默感的人取笑他說：「愛迪生先生，你整天研究燈泡，已經失敗了1200次啦！」但是愛迪生卻並不生氣，反而笑呵呵地回答說：「我的成功之處就在於發現了1200種材料不適合做燈絲！」說完，他自己放聲大笑起來。而那位取笑者聽了愛迪生的這句幽默之辭後，一句話也說不出來了。後來，愛迪生的這句調侃之語舉世皆知，成了很經典的激勵名言。

從上面這些事例中我們不難悟出，幽默的力量在於能改善人與人之間的關係，驅除人際間的不和諧之音。而一個具有幽默感的人，他最大的魅力不只是談吐風趣，他還能在緊急關頭發揮機智，使煩惱變為歡暢，使痛苦變成愉快，將尷尬轉為融洽。所以在日常交往中，我們一定要巧妙運用幽默，以此有效緩解矛盾衝突，輕鬆地用舌頭，而不是用拳頭，把自己從困境中解救出來。

【幽默你的世界】

當我們遭遇窘境時，該如何利用幽默為自己解圍呢？不妨從以下兩點入手：

　　1‧採用「趣味思考」方式。這是一種反常的「錯位思考」，即不按照常規的思路走，而是「岔」到有趣的方面去，進而捕捉到生活中的喜劇因素。比如有人嘲笑你是光頭，你不妨說：「光頭有什麼不好，我是第一個知道下雨的人。」

　　2‧在瞬息構思上下工夫。這是一種「快語藝術」，需要的是靈機一動的智慧，所以你必須想得快，說得快，觸境即發，既出人意料，又在情理之中。比如你和同事發生了爭執，對方要與你決鬥，你可以故作嚴肅狀說：「單挑我不怕你，不過時間、地點和武器由我來決定！」待對方同意後，你接著說：「時間就是現在，地點就在這間辦公室，武器就是空氣。」這樣一來，肯定會逗引對方一笑，從而順利化解衝突。

千萬別拋棄了尊重，用幽默拿別人「開玩笑」

　　缺乏笑聲的生活和沒有幽默感的人都是索然無味的，日常人際交往中，與朋友開個得體的玩笑，可以放鬆神經，活躍氣氛，創造出適於交流的輕鬆愉快氛圍，因此詼諧的人常受到歡迎與喜愛。不過，開玩笑要掌握好分寸，尤其是要在尊重對方的前提下，否則很可能適得其反，引起反感和誤會。

　　有個公司的老闆年過五十，卻娶了二十歲初頭的年輕妻子，並且結婚才兩個月，就生了一個小孩。孩子滿月這天，這位老闆擺滿月酒，親戚朋友都趕來祝賀，其中有位叫小張的好友也來了。小張為人心直口快，總愛跟人開玩笑，今天這種場合也不例外，特別的是他為孩子準備的禮物很特殊，既不是錢也不是生活用品，而是紙和筆。當小張把這份賀禮送到老闆手中，老闆一臉驚訝，問他：「我孩子今天才滿月，你贈送紙和筆給這麼小的孩子，不是太早了嗎？」

　　看到老闆臉上的意外神情，小張心裡覺得很得意，認為自己的這份禮物送得很有「懸念」，因此就笑著調侃道：「一點都不早。您的小孩兒太性急，本該九個月後才出生，可他偏偏兩個月就出世了，照這個速度，再過五個月他肯定就能去上學了，所以我才給他準備了紙和筆。」此話一出，

　　賓客們全都哄堂大笑，而老闆夫婦也羞愧得無地自容，因為小張的這番話，很明顯道地出了他們倆未婚先孕的隱私。就這樣，本來關係還不錯的朋友，從此就斷絕了來往。

　　一向喜歡開玩笑的小張，本來想趁著這次給好友孩子過滿月的機會，送份特殊的禮物表示情誼，但忽略了尊重對方的隱私，導致最後的送禮之舉招來忌恨，使友誼破裂。由此可見，禍從口出，幽默也不能任意使用，不尊重對方亂開玩笑，不但不能錦上添花，反而會畫蛇添足，過猶不及。

　　董亮平時愛說愛笑，性格開朗活潑。有一次，朋友聚會，他遇到了朋友小馬，小馬是個禿頭。當得知他最近高升後，董亮快言快語地說道：「小馬，你可真厲害啊！年紀輕輕就升得這麼快！真是熱鬧的馬路不長草，聰明的腦袋不長毛。」這句話逗得大家哄堂大笑。可是小馬呢？臉上卻晴轉多雲，他有些生氣地反駁董亮道：「你的腦袋才不長毛呢！」結果，原本高興的同學聚會，鬧得不歡而散。

　　事實上，像董亮這樣在與朋友聊天時開玩笑的動機大多是友好的，但是他們沒有把握好分寸和尺度，結果產生了不良後果。正所謂「說者無心，聽者有意」，因此，聊天想幽默的時候千萬要注意不要過了頭。

　　新學期開始，某大一寢室，八個男生初到，爭排座次。小李心直口快，與小王爭執了半天，看到比自己稍小幾日的小王最終有些不情願地排到末座，便好心勸道：「好啦，小王，你排在最末，是我們寢室的寶貝疙瘩，你又姓王，以後我們七個就叫你『疙瘩王』好啦！」一聽這話，小王臉上很是不悅，原來他長了滿臉的疙瘩，俗稱「青春痘」，所以平日裡最恨別人談論他臉上的疙瘩，而這個時候小李這樣開玩笑，他心裡自然很不舒服。

　　見此情形，聰明的小李知道自己的玩笑惹來了風波，心中懊悔不已，不過表面上卻不急不惱，而是拿過鏡子自言自語道：「『蜷在兩腮分，依在耳翼間，迷人全在一點點』。唉，小王，你看，我這臉上真是『一波未平，一波又起』啊！」小王聽後，不禁啞然失笑，瞬間心裡覺得輕鬆很多。原來，小李也是長了一臉的雀斑。

　　小李由於一時疏忽，無意中以玩笑冒犯了同寢室的同學，尷尬之際，他巧妙運用自我糾錯之術，含蓄地進行一番自我調侃，並巧借余光中的詩句，點明了自己也是面生雀斑。而「一波未平，一波又起」這句話，既是對自己的雀斑之多的自嘲，同時又恰到好處地為自己剛才沒遮攔的玩笑進行含蓄的自責，最終博得了小王諒解的一笑。

　　當然，很多人在無意中以玩笑冒犯他人的時候，並不懂得及時用得體的方式來「挽救」，或者說根本就不具備「救場」的說話能力。這個時候後果就很糟糕，輕者出口傷人，重者導致雙方感情破裂，甚至大動干戈。

　　因此在與朋友開玩笑之前，如果難以斷定自己到底能否說出大家都喜歡聽的話，最好的方法莫過於沉默；否則，口無遮攔地誇誇其談，最容易觸犯別人的尊嚴而招致厭惡。

　　總之，在人際交往中，尊重是友好相處的前提，如果你不懂得這一點，胡亂運用幽默來討取人緣，往往會適得其反，這樣一來，別人也不會尊重你，甚至不願意與你繼續相處，長期以往導致自己變得孤立而不開心。

【幽默你的世界】

　　開玩笑是感情互相交流傳遞的過程，如果藉著開玩笑對別人冷嘲熱諷，發洩內心厭惡、不滿的感情，除非是傻瓜才識不破，尤其是涉及對方

的外貌缺陷，更不能輕易開玩笑。

　　比如，有個朋友向你訴苦，說有人嘲笑他胖得像豬，這個時候你千萬不要說：「他們怎麼能管你叫豬呢？這太不像話了！總不能人家長得像什麼就叫人什麼吧！怎麼能說你長得像豬呢？這簡直是侮辱了豬！」如此言辭，看似幽默，其實包含惡意，不僅達不到安慰別人的目的，反而會讓對方十分反感。

批評、勸導別人時，可偶爾耍幽默

俗話說得好：「忠言逆耳利於行。」但是在現實生活中，如果你針對某人的錯誤直接了當地大加指責或勸導，效果往往不是太好，因為每個人都有自尊，對方可能明白你批評他的好意，但是往往會因為拉不下面子而心生反感。與其臉色難看的批評，不如旁敲側擊地運用幽默來說服，這樣既能保全對方的面子，同時又能讓其心悅誠服地接受。

有位老婆婆坐車去鄉下探望親戚，途中，她看見年輕的司機先生並沒有全心全意地開車，而是只用一隻手握著方向盤，卻把另一隻手伸出車窗外，還把車子開得飛一般地快。看到這種危險的情形，這位老婆婆並沒有直接批評司機開車人不謹慎，而是笑著問他：「年輕人，這個地方下雨挺頻繁的吧？」

一聽此話，司機不假思索地回答：「那是當然，這裡的天就像孩子的臉，說變就變。」

「哎呀，我說你怎麼喜歡把手放在窗外呢，敢情是幫我們打探天氣呢，放心吧年輕人，你專心開車，我幫你盯著天呢，哈哈。」老婆婆笑著調侃道。

聽了這幾句話，這位年輕的司機先生笑了起來，他趕緊知趣地把手從

車窗外抽了回來，專心致志地開車。

這位老婆婆明知道司機只用一隻手來開車非常危險，但是她並沒有直接了當地去批評對方，而是運用幽默，將自己的意見透過下雨來暗示司機的錯誤。不僅給司機保留了面子，消除了情緒上的對立，更製造了笑料，用幽默給他人和自己帶來了心情的愉悅。

有人曾經這樣比喻：批評就像是一杯苦咖啡，有的人喝著會覺得苦，而幽默就像是白糖，把它加到苦咖啡裡面，喝起來效果往往會很不錯。這話說得一點不假，為人處世，當你批評別人的時候，最好不要生硬地將自己的不滿直接表達出來，畢竟多數人不會心甘情願地接受他人批評，尤其是那些高高在上的領導者。

春秋後期，齊景公喜歡打獵，尤其熱衷養老鷹來捉兔子。有一次，為齊景公養鳥的燭鄒不慎讓一隻老鷹飛走了。齊景公聞訊非常惱火，下令把燭鄒推出去斬首。上大夫晏子得知此事後，連忙去拜見齊景公，並故作嚴肅地說：「這個燭鄒真是可恨！怎麼能這麼輕易地把他給殺了？臣覺得他有三大罪狀，您不妨先讓我一條一條列出來，然後您再殺他也不遲。」齊景公欣然應允。

晏子馬上裝作怒氣沖沖的樣子，走到燭鄒面前，指著他的鼻子說：「大膽燭鄒！你為大王養鳥，卻讓鳥逃走了，這是第一條罪狀；使得大王為了鳥的緣故又要殺人，這是第二條罪狀；而把你殺了，天下諸侯都會怪大王重鳥輕士，這是第三條罪狀。」

聽完晏子的這番話後，齊景公心有所悟，馬上笑著對晏子說：「你別說了，我知道你的意思，不殺燭鄒了。」

你看，晏子不愧是一個有口才、有心計、有幽默感的人。從表面上

看，他是在批評燭鄒的失職，而實際上，他是在旁敲側擊批評齊景公重小鳥而輕士人的錯誤。這樣既避免了為燭鄒說情的嫌疑，又救了燭鄒；既指出了齊景公的錯誤，又不丟齊景公的面子，可謂是「一箭雙鵰」。

李明是某家大公司的員工，他經常在上班時間去附近的理髮店理髮，明顯違反公司規定。此公司經理知道此事後，決定親自抓他一次，狠狠地教訓。

這一天，李明又趁著上班時間去理髮店理髮。就在這時，經理悄然來到店裡。一看見是經理，李明急忙低下頭，別過臉，想躲過經理，可是經理就站在他旁邊的位置，把他叫了出來，嚴肅地問他：「小李，你是怎麼搞的！現在是上班時間，你跑到理髮店幹什麼？」

李明眼珠一轉，笑著回答道：「是，經理，我的確是在理髮，可是您看，我的頭髮是在上班時間長的啊。」

一聽此話，經理被逗笑了，他機智地回敬李明道：「胡說！你的頭髮都是在上班時間長的嗎？有些是在你下班時間長的。」李明笑呵呵地說：「對，經理您說得對，所以現在我只剪掉了上班時間長出的那部分。」

經理不禁哈哈大笑起來，也忘了繼續指責。

這位經理對李明在上班時間理髮並沒有採取直接的批評方式，而是巧借「有些是在你下班時間長的」的幽默來婉言批評李明，但是李明也不是省油的燈，他藉助經理的幽默順勢說下去，帶給經理「笑」點，讓經理的不滿自動消失。這樣一來，兩人之間的誤會頓時化解，彼此之間的關係也融洽起來。試想一下，如果當時經理不問青紅皂白就在眾目睽睽之下劈頭蓋臉斥責李明一頓，那麼肯定會導致李明心懷怨恨，未來兩人在公司裡相處肯定劍拔弩張，雙方心裡都不痛快。

　　多數人在面對他人批評時，總是或多或少地抱有焦急、擔心、恐懼甚至敵視的態度，這個時候，若是能夠轉變一下批評的方式，藉助幽默語言來委婉地勸說，往往能贏得他人的感激，激發對方改正錯誤和奮進的力量。

【幽默你的世界】

　　批評和勸導在工作和生活中隨處可見，然而，成功的批評和勸導卻需要高超技巧和智慧。因為在勸導別人時，可能會不經意觸動了對方的自尊，從而火上澆油，弄巧成拙。要使批評和勸導更加成功，我們除了手中有理外，還要求方法正確、巧妙，運用幽默讓原本硬邦邦的直接勸說變得溫和一些，讓「忠言」更順耳。

　　比如，你看到一對戀人在街頭吵架，不妨撐起一把雨傘，從他們面前走過，並笑著對他們說：「唉，待會兒肯定要下大雨，你看剛才（你們臉上）烏雲密布，（嘴裡）雷聲隆隆，我看等下一定會下大雨。」對方肯定會莞爾一笑，消了不少氣。

激勵他人，來點幽默更能深入其心

　　當朋友不幸遭遇困難挫折，需要幫助的時候，一番激勵之辭往往猶如雪中送炭，不僅讓對方受到被關心的溫暖，還能激起他在逆境中的鬥志，使其更加奮發圖強。因此從本質上說，激勵是一種與人為善的美好心理狀態，是人們相互幫助的展現。可是有些朋友卻往往在這部分吃力不討好，不僅達不到激勵他人的目的，反而招來一片怨責。關鍵在於沒有把握好激勵的技巧和分寸，尤其是沒有在語言的幽默上下足工夫。

　　巴爾克博士是美國著名的社會心理學家，有一次，他在宴會上提出這樣一個建議：每人以最簡短的話語來寫一篇自傳，甚至簡短到可以作為死後刻在墓碑上的墓誌銘。對此，有位頹廢派青年思索了幾分鐘後提筆寫了一個只有三個標點的自傳：「——」、「！」、「。」巴爾克問他有何寓意，這位頹廢青年沮喪地回答：「一生橫衝直撞——只落得傷心感嘆！最好只好完蛋。」

　　聽了青年的解釋，巴爾克並沒有說什麼，而是提筆在他的這篇自傳上重新增加了三個標點符號：「，」、「……」、「？」然後回過頭來鼓勵那位青年道：「青年來日方長，希望無限……豈不聞浪子回頭金不換？」

　　簡短的激勵之辭，讓那位頹廢的青年頓時若有所悟，內心馬上充滿了

愧疚感。

　　面對喪失生活進取心的青年，巴爾克並沒有採用語重心長的長篇大論去激勵對方，而是巧妙運用幽默，在輕鬆的交談中激發起了對方對生活的鬥志，達到了成功激勵的目的。由此可見，當我們鼓勵和安慰他人時，一句恰到好處的幽默激勵，往往要比一百句嚴肅古板的說教更能深入其心。

　　有個熱衷文學的年輕人向著名作家海明威（Ernest Miller Hemingway）求教：「請問，您作品中的語言寫得如此簡潔，到底有何祕訣？」看著青年一臉真誠，海明威微笑著回答：「其實想要達到語言簡潔很容易，有時候我不吃飯就開始寫東西，肚子餓得咕咕叫；有時候我只用一隻腳站著寫，累得腰痠背痛；有時候我還故意在寒冬只穿一件薄衣服，邊寫邊被凍得瑟瑟發抖……這些非常不舒服的感覺，使我不得不盡量少寫些多餘的廢話。」

　　聽完海明威的這番話，那位文學青年會心地笑了，他領會到了海明威先生對自己的一片激勵之情。

　　的確，海明威先生在面對這個嚴肅的寫作話題時，並沒有引用專業的知識來向青年闡述，而是巧妙地運用滑稽、詼諧、逗笑的語言形式，把情趣與哲理串聯起來，既表達了嚴肅的思想內涵，同時又鼓勵青年在寫作的道路上要不畏艱險，以吃苦精神來獲得成功。如此激勵形式，可謂通俗、幽默，但是卻更容易讓人接受。

　　大師們面對初出茅廬的年輕人使用幽默能產生良好效果，而我們在日常生活中，一句幽默的話語也能讓本不善於言辭的人從緊張情緒中解脫，更加融入現場氣氛，從而享受到社交的快樂。

　　在一次宴會上，有位女士一直沉默不語。旁邊一位先生看出了她的惴

惴不安，於是就風趣地說：「小姐，我覺得妳肯定很富有。」

女士不解其意，便回問道：「為什麼這麼說？」男士笑道：「從進門到現在，妳一直坐在這裡沉默，所謂沉默是金嘛！」女士聽了，忍不住笑了。接下來的時間裡，兩人侃侃而談，成為了很好的朋友。

這位風趣的先生巧妙地借用「沉默是金」這一成語，故意曲解意思，緩解女士的緊張情緒，使她能在聚會中更加自然地綻放自己的魅力，輕鬆地享受到現場的快樂。這的確不失為一個開啟對方心門的妙招。

巴頓（George Smith Patton, Jr.）是二戰時期美國的名將，他勇猛凶悍，被人稱為「血膽將軍」。有一次，他召集士兵們進行戰前動員，風趣地說道：「凱旋回家後，今天在座的弟兄們都會獲得一種值得誇耀的資格。二十年後，你會慶幸自己參加了這次世界大戰，到那時，當你在壁爐邊，孫子坐在你的膝蓋上，問你：『爺爺，你在第二次世界大戰時做些什麼呢？』這個時候你就不用尷尬地乾咳一聲，把孫子移到另一個膝蓋上，吞吞吐吐地說：『啊……爺爺我當時在路易斯安那鏟糞。』與此相反，弟兄們，你可以直盯著他的眼睛，理直氣壯地說：『孫子，爺爺我當年在第三集團軍和那個該死的喬治‧巴頓並肩作戰！』……」

聽了巴頓將軍這番幽默的激勵演說，在場的所有士兵們立刻熱血沸騰，每個人胸中油然生出一種勇往直前、奮不顧身的激情。

巴頓將軍的這段話表面上是在調侃對未來願景的展望，但其實卻是一種幽默式的激勵，這種獨特的表達方式讓士兵們輕鬆愉悅地感受到奮勇作戰的使命和光榮。

總之，幽默激勵是一種讓平庸者變成天才的神奇力量，只要我們運用恰當，可以幫助自己和他人增強樂觀的自信，使我們從容應對困難，擺脫

種種煩惱；反之，不懂得用幽默來激勵自己和他人者，很難調節不良情緒，從而導致身陷困境，最後很有可能一蹶不振，自甘墮落。

【幽默你的世界】

面對一蹶不振的朋友，與其長篇大論地跟他講奮鬥的大道理，不如巧妙運用幽默來幫其卸下思想上的重擔。

比如，一個朋友最近諸事不利，總是遭遇打擊，如果他對你抱怨說：「唉！活著真沒勁，我的字典裡似乎從來就沒有成功這兩個字！」這時，不妨對他說：「那我把我的字典借給你吧！」這樣一來，讓對方在哈哈大笑之餘，心情也輕鬆了很多，從而很改變消極心態，積極樂觀地去面對生活中的不順心之事。

第八章

遊走職場的幽默

面試時的幽默為你贏得更多機會

當今社會，各種工作機會的競爭都非常激烈，如何讓自眾多競爭者中脫穎而出，成了求職者最為關注的焦點之一，尤其對於剛畢業的大學生而言，面試的時的自我展示是最終決定成敗的關鍵。此時我們一定要保持頭腦的活躍，多想一些幽默的點子來盡情展示自己，這樣往往會有意想不到的效果，進而獲取更多的工作機會。

首先，在自我介紹時，不妨加入一點幽默。自我介紹是面試時的第一道題，成功的自我介紹能給考官留下深刻的印象，不妨以別出心裁的幽默來達到良好的效果。

美國政治家查爾斯‧愛迪生（Charles Edison）在競選州長時，不想利用父親（大發明家愛迪生）的聲譽來抬高自己，以下是他發表競選演說時的自我介紹：「雖然大家都知道，我是大發明家愛迪生的兒子，但是說實話，我真的不想讓人認為我是在利用愛迪生的名望，所以我寧願讓你們知道，我只不過是我父親早期試驗的結果之一。」

這段簡潔的介紹，馬上就迎來了一陣陣掌聲。

人們之所以鼓掌，並不是因為查爾斯是大發明家愛迪生的兒子，反而是因為他幽默的言辭以及風趣的表述。查爾斯的幽默和風趣逗笑了大家，

展示出他的睿智與氣度，也大大提升了他在人們心目中的印象分數。

　　求職面試時，考官手中往往擁有很多求職履歷表，其中不乏實力雄厚之人，若想讓考官知道你和別人相比有什麼獨到之處，就要看自我介紹時的表現是否出色了。

　　其次，應對考官，你要懂得用幽默來推銷自己的個性。在面試過程中推銷自己，要突出自己的特色，抓住自己最能打動別人的優點，以創造性的姿態幽默地表達出來，以自己的與眾不同吸引考官注意。

　　李娜是一位聰明漂亮的姑娘，她參加了一場「青春形象大使」徵選比賽，經過重重突圍，最後終於進入了決賽。在決賽中，為了測試參賽小姐的思考速度和應對技巧，主持人提出了一個難題：「假如必須在蕭邦和希特勒兩個人中間，選擇一個作為終身伴侶的話，妳會選擇哪一個呢？」

　　幾乎所有的選手都毫不猶豫地選擇了蕭邦，認為他浪漫、多才多藝，但是李娜卻獨闢蹊徑，選擇了希特勒。她是這樣解釋的：「如果我嫁給希特勒，我相信我能夠感化他，那麼第二次世界大戰就不會發生，也不會有那麼多的人家破人亡。」

　　李娜的這個幽默巧妙的回答頓時贏得了人們的掌聲。其實這個問題難度較大，如果回答「選擇蕭邦」，勢必沒有特色，顯得很平淡；如果回答「選擇希特勒」，則很難給出合理的解釋。但是李娜沒有隨波逐流，既選擇了出人意料的答案，同時又給出了合理而又充滿正義的理由，從而成功地推銷了自己的特色，以幽默、機智給觀眾和評委留下了深刻的印象。

　　再者，面試過程中宜調侃趣說，隨機應變。考官往往為了不至於「選錯郎」，故意設定各種語言陷阱，以探測你的智慧、性格、應變能力以及抗壓性。對此，你只有識破這些語言陷阱，才能小心巧妙地繞開它，不至

於一頭栽進去。

有位叫周正的年輕男子來到一家藝術品商店求職。

老闆問他：「你有工作經驗嗎？」

「哦，有的！」周正很堅定地回答。

「那如果我們不小心把一隻貴重的花瓶給打碎了，你說，該怎麼辦？」老闆故意給周正設陷阱，看看他如何應對。

周正微微一笑，幽默地回答道：「很簡單，我會把碎片重新黏合好，等一位有錢的顧客光臨時，我再把它放在一個恰當的地方，以便重新釀成事故……」

聽了這個回答，老闆很滿意，笑著點頭對周正說：「很好，你被錄用了。」

在這則幽默的對白中，老闆透過假設條件刁難周正，但頭腦靈活的周正並沒有怯場，而是以隨機應變、幽默的才能，輕鬆躲過了這一劫，並且他的回答根據公司利益為考量，難怪老闆最終毫不猶豫地錄用他。

最後，當考官提到你的短處時，你要學會揚長避短，淡化缺點。俗話說：金無足赤，人無完人。若一味地刻意掩飾，恐怕會招致對方的反感。所以最好的辦法就是「這壺不開提那壺」，揚長避短，藉助幽默來將自己的缺點淡化。

英國科學巨匠法拉第（Michael Faraday）當年向戴維爵士（Sir Humphry Davy）求職時，戴維問他：「你的信和筆記本我都看過了，你好像在信中沒有說明你在什麼地方念過大學吧？」

法拉第從容地回答：「是的，先生，我沒有念過大學。但是在過去的這些年裡，我盡可能學習一切知識，並用自己的房間建立的實驗室進行試

驗。」

戴維說：「哦，你的話使我很感動。不過科學太艱苦了，付出極大的努力只能得到微薄的報酬。」

法拉第笑了笑，風趣地說：「但是，我認為，只要能做好這種工作，本身就是一種報酬！」

法拉第與戴維的這段對話十分精彩且趣味十足，當戴維爵士提到法拉第沒有受過正式教育時，法拉第僅一句帶過，馬上把話題投向自己的長處——執著、勤奮，而這正是從事科學研究所需要的品質，因此最終法拉第被爵士破格錄取為自己的助手。

由此可見，當被應徵者問起缺點時，我們最好不要強詞奪理地去迴避，而是要在坦然承認的同時，以幽默來模糊掉這些缺點所帶來的弊端，甚至把缺點轉化為優點，這才是上上之策。

總之，若能學會在面試場合運用幽默的語言帶給考官深刻的印象，往往能彌補先前筆試或是其他條件如學歷、專業上的不足，從而順利通關，開啟職場之門。

【幽默你的世界】

面試的時候難免略顯緊張，不少有能力、有才華的人因此失去了得到心儀工作的機會。其實，失去一次工作機會不可怕，只要我們不輕易放棄，就會有希望。而且有的時候，看似已經沒有希望的背後，只要你懂得運用幽默，可能還會有意外的機會。

比如，在面試時，對方可能不想僱用你，「很遺憾，我們現在很忙，人手有限，都忙不過來，所以目前不應徵了。」你不妨順勢說：「很顯然，既然人手有限，都忙不過來，說明你們現在正缺人手，何不給我一個機

會，不就沒遺憾了嗎？」如此一來，說不定你很快就會收到出乎意料的驚喜呢！

在建議中加點幽默，上司會更樂意接受

在職場中，下屬免不了要與上司打交道，表達自己對工作的看法，或是提出對業務發展的建議。這個時候，要特別注意建議的方式，如果掭議方式不當，輕則使溝通無法進行，重則可能使上司對自己產生偏見，影響未來的相處，這樣一來，你在公司裡的境遇就會變得很糟糕。所以在向上司提建議的時候，不妨也來點幽默的情趣，既能融洽氣氛，同時又讓上司更樂意接受，一舉兩得。

有位公司老闆，一天早上去關心自己的員工，並順便詢問了他們的員工餐狀況。當然，面對老闆的詢問，大部分員工因為懼於老闆的權威，基本上都含糊其辭地回答說「差不多」、「還可以」等。而只有一位員工表現出非常滿足的神情說：「一個雞蛋、一碗麥片粥、三塊蛋糕、兩個夾肉捲餅，還有一個蘋果，太豐盛了！」一聽此話，老闆有些難以置信，風趣地對這位員工說：「你們的標準差不多都要趕上國王的早餐了！」豈料，老闆的話剛說完，這位員工馬上畢恭畢敬地回敬道：「很遺憾的是，這是我在外面餐廳享受的標準。」

老闆若有所悟，馬上開會討論，責令有關部門改善員工們的伙食待遇。

　　這位員工非常善於向主管迂迴地表達意見，他運用幽默俏皮的語言，輕易地就在輕鬆的氛圍中表達了大家對伙食的不滿，同時又讓老闆了解員工們想要的伙食標準，可謂「一箭雙鵰」。

　　當然，職場上遇見像上面這位善解人意的主管算是幸運，一兩句幽默就能輕鬆讓對方採納建議，可是在現實生活中，如果你不幸遇到了像下面這位蠻橫無理的趙主管一樣的上司，那就要運用幽默「以牙還牙」了。

　　實際上，一提起這個趙主管，大家都氣得咬牙切齒，因為他仗著與老闆有親戚關係，平日裡對下屬們總是頤指氣使，甚至有時候還罵人。有一次，公司聘請了一個叫小李的新員工，被趙主管納入麾下。面對這個剛出校園的年輕人，趙主管說話總是很尖酸刻薄，動不動就指著鼻子對小李訓話：「你既然歸我管，就得懂得服從我！知道嗎？我叫你往東，你就不能往西……」

　　小李也是個好好先生，再說剛畢業找工作也很不容易，所以面對上司的訓話，他只好把怒氣吞到肚子裡，一個勁兒地點頭稱是。

　　一次，公司有位重要的客戶來訪，趙主管吩咐小李為客人端茶倒水，遞菸。事情做完後，小李就站在一旁。這時，趙主管要為客人點菸，卻發現沒有打火機，氣急敗壞地對小李吼道：「笨蛋！你傻站著幹嘛？菸、打火機、菸灰缸都是環環相扣的，沒有打火機怎麼點菸？還不快去拿！」見此情形，小李不敢怠慢，儘管心中怒火升騰，但還是趕緊拿來打火機。

　　幾天後，趙主管生病了，要小李去幫他請個醫生。結果，小李去了幾個小時才回來，於是趙主管又開始罵：「你是怎麼做事的啊！要你去請個醫生，需要這麼長時間嗎？」小李故意大聲回答說：「主管，您要知道，做什麼事都是環環相扣的，現在醫生、律師、棺材店老闆、殯儀館老闆，

他們都在外面等著呢！」

一聽這話，趙主管啞口無言，他自知理虧，就再也沒提這件事。不過從此以後，小李慢慢發現，趙主管對自己的態度好了許多，說話也客氣起來。

小李有膽有謀，面對趙主管這類不尊重人的上司，他懂得運用幽默來表達自己的不滿，提出合理的建議，從而使對方的態度有所改善。試想，假如小李當時不是採取委婉的方式，而是滿懷怒氣地與趙主管爭吵，發洩自己的不滿，那麼最後極有可能被對方開除，事情反而一發不可收拾。

此外，即便是遇到加薪這個敏感話題，照樣也可以用俏皮話來委婉地表達。

陶俊在某家外資公司工作，他不僅在工作上兢兢業業，為人也非常風趣。他接連兩次向公司提出的銷售建議都被老闆採納了，並且在這兩個建議的推動下，公司的銷售業績分別提高了 20% 和 13%。

面對如此快速增長的經濟效益，老闆自然非常高興，他把陶俊叫到辦公室，拍著他的肩膀鼓勵道：「年輕人，幹得不錯，繼續加油！我不會虧待你的。」陶俊聽了老闆的誇獎，很開心地說：「您就放心吧，我相信您會將這句話放進我的薪水口袋中的。」一聽此言，老闆會意地笑了，隨即爽快地說：「會的，一定會的！」

結果，不久後，陶俊終於如願以償地加了薪。

陶俊之所以能夠如此輕輕鬆鬆地讓老闆為自己加薪，除了他自身的工作能力之外，這番寓莊於諧的言語也非常關鍵，很自然地讓老闆的鼓勵變成了實實在在的鈔票。由此可見，面對加薪這個嚴肅的話題，我們在給上司提建議的時候，一定要在合適的時刻、合適的地點，非常機智地去提，

這樣才能讓上司更樂意接受；否則，不但加薪不成，還極有可能會引起反感，甚至會因此被逐漸疏遠。

【幽默你的世界】

　　身在職場，下屬向上司提意見或建議是很微妙棘手的，因而表達方式顯得尤為重要。當你運用幽默的方法，輕鬆愉快地讓上司了解到你所提的問題，無疑會避免不必要的尷尬，從而贏得上司的好感和信任。

　　比如，你的上司是一位不善於反省自身的人，面對公司最近銷售額極低的事實，他總是在會議上大聲喝斥下屬：「就你們這種工作水準，怎麼在市場上混？乾脆捲鋪蓋回家算了！這就好比一支足球隊，如果無法獲勝，隊員們就都得被撤換掉，是不是？」這個時候，你不妨微笑著回答說：「據我所知，一般情況下，如果整支球隊都有麻煩的話，通常是要換個新教練。」這樣巧妙的比喻，提醒了上司反思自己的行為。

以幽默來管理下屬，「笑」果會更好

　　行走職場，我們不難發現，具有幽默感的上司比古板的上司更容易與下屬打成一片。這到底是為什麼呢？其實原因很簡單，當下屬在與幽默上司共事的過程中，上司的幽默不僅化解很多令人尷尬的事情，更令大家心情愉快，工作更積極，進而大大增強凝聚力。所以如果你是一位管理者，一定要懂得：想要做一名優秀的上司，擁有更多的晉升機會，就不能僅僅在下屬面前表現得嚴肅、認真，還要適當地展坎幽默風趣的一面，樹立和藹可親的形象，為自己以後的職場晉升累積人氣。

　　美國總統林肯，有一次前去會見新任的部長布蘭德。正當兩人邊走邊說話的時候，林肯忽然發現走廊裡有隊士兵正在等候，準備接受總統的勉勵，於是就與部長一起走了過去。士兵們看到總統來了，便齊聲歡呼。但是這位新部長仍未反應過來，直到一位副官向他示意後退時，他才恍然大悟，發現了自己的失禮，覺得尷尬極了。

　　一向幽默風趣的林肯卻對此沒有絲毫的介意，微笑著慢悠悠地對那位新任部長說：「沒關係，布蘭德先生，或許士兵們根本就不知道誰是總統呢。」

就這樣，林肯的一句幽默，讓失禮的部長馬上找到了臺階，避免了緊張和尷尬，同時也讓在場的人感受到總統的可親可敬。

當然，作為上司，自我調侃能彰顯你的大氣與豁達，即便是看似嚴肅地訓斥下屬，你的一兩句幽默說辭往往能在談笑間點出癥結，讓對方在輕鬆、愉快的氛圍裡領悟到自己的錯誤。

伍德魯夫（Robert Winship Woodruff）是著名的可口可樂公司的老闆，有一次，他去視察一間瓶裝工廠，發現這個工廠特別髒亂，馬上叫來瓶裝工人，溫和地對他說：「你最好在第二天把你的廠區打掃乾淨，不然，你很快就會發現，自己被換到其他某一條生產線上了。」

豈料，這位瓶裝工人懷著不滿抗議道：「但是，伍德魯夫先生，打掃乾淨沒什麼作用，第二天就會恢復老樣子。」在場的人看到瓶裝工人竟敢如此當眾頂撞老闆，心裡都很緊張。一陣沉默之後，伍德魯夫緩慢地、有意地把雪茄從嘴裡取出，眼睛直直地盯著這位瓶裝員工，說：「你每天都得擦你的屁股，是不是呀？」說罷，伍德魯夫重新叼起雪茄，離開了。

身為大公司的老闆，面對下屬在工作中所犯的過錯以及頂撞之詞，伍德魯夫沒有大發雷霆地指責，而是以幽默的語言一針見血道地出工作中的失誤之處，瓶裝工人在感激老闆的寬大胸襟之餘，也愉快地接受了老闆的批評，此後做事也比以前認真多了。

批評也是一門藝術，而作為上司，當你在批評下屬的時候，更要懂得幽默，這樣才能使批評顯得溫和且有效。反之，硬邦邦的斥責，只會傷害對方的自尊，讓他喪失工作的自信，甚至一蹶不振。

上司因工作上的需要而批評下屬在所難免，然而，批評不是目的，重點在於如何讓犯錯的下屬理解自己的錯誤，並激勵他以後認真改正。主管

應把握住這個原則：幽默批評並非毫無意義的調侃，而是要想辦法使它轉換成一種激勵手段，促使犯錯的下屬更好地去改正、去工作。

柯立芝（John Calvin Coolidge, Jr.）是美國第 30 任總統，他在任的時候，有一位漂亮的女祕書，她總是犯粗心大意的錯誤，尤其是在處理公文的時候。

一天早上，柯立芝總統看見這位女祕書穿了一身漂亮的衣服走了進來，就笑著誇讚她說：「這身衣服真適合妳，完全就是為妳這種年輕漂亮的小姐量身訂做的。」女祕書一聽總統誇自己，頓時心花怒放，緊接著，總統說：「我相信妳也能夠將公文處理得和妳本人一樣漂亮。」女祕書聽了，心有所悟，頓時覺得很慚愧。

不過自此之後，柯立芝總統就發現，女祕書逐漸改正了粗心的毛病，公文處理得越來越漂亮了。

聰明的柯立芝總統採用先揚後抑的隨機幽默，誇讚了女祕書的同時，更巧妙地達到了批評、激勵的目的。這種靈活的應變方式，很輕鬆地解決了，是相當高明的技巧。

總之，身為上司，在管理下屬的時候，要懂得增添智慧和幽默，讓員工們更快樂地生活和工作，也有助於你身為上司的職責。

【幽默你的世界】

運用幽默來管理下屬，不僅能夠增加你的威信和尊重，同時還能展現你的親和力。平時要多學習一些幽默口才，在出乎意料的幽默邏輯中，將下屬管理得心服口服。

比如，有一次，你得知某位愛請假的下屬以參加祖母的葬禮為由請了幾天假，等他回公司上班後，你可以微笑著對他說：「我一直不相信人會

死而復生，但是昨天徹底相信了。因為就在你請假去參加祖母葬禮的路上，昨天上午她就來看望你了。」如此幽默地指責，肯定會讓他更深刻地理解自己的錯誤，同時又不傷彼此間的和氣。

和同事一起分享幽默，你將更受歡迎

俗話說「一個好漢三個幫」、「在家靠父母，出門靠朋友」、「朋友多了路好走，多個朋友多條路」，但是隨著社會的發展，這種處事原則在現代職場中似乎越來越「行不通」。不少職場朋友認為，職場如戰場，在辦公室裡，沒有真正的朋友，只有工作上的對手，和同事做朋友，只是給自己埋下一顆定時炸彈。

其實，和同事做朋友非常必要，作為上班族，大部分時間都在辦公室裡度過，可以說形影不離。若是能夠處理好與同事之間的關係，不僅增添工作中的樂趣，這對於你在職場中的發展也有著不可忽視的影響力。有了辦公室的高人氣，影響力和號召力便大大提升，這樣一來，晉升的機遇還能不落到你頭上嗎？

但是如何與同事融洽相處，這其中也有技巧。如果你一味地以「今天天氣怎麼樣」之類的寒暄來打交道，有可能引不起他的興趣。要想改變這種沉悶的局面，不妨在談話中增添幽默的元素。

最近連續下了好幾天的大雨，幾個同事聚在一起閒聊天氣。一個同事抱怨道：「唉，這鬼天氣，怎麼一直下雨呢！」一位老實的同事規矩地回答：「是啊，都五天了，這樣下去何時才能結束呢？」一位喜歡加班

的同事說：「龍王爺竟然連日加班，看來他也想多撈點獎金啊！」而另一位關注市政的同事則風趣地調侃道：「玉帝也太不稱職了！天堂漏水了，都不派神仙去修！」話音剛落，旁邊一位喜歡文學的同事馬上接話：「噓——，你們小點聲，別打擾了玉皇大帝讀長篇悲劇。」

說至此，幾個同事相視一笑，哈哈大笑起來。

像這幾位同事，在工作閒暇之餘，以幽默的閒聊增加了談話的風趣，舒緩了心情，更增進了彼此的友誼，可謂是一舉數得。

當然，與同事相處，不只幽默閒聊能夠融洽氣氛，當你看不慣某人的舉止，欲向他提意見時，照樣可以用幽默來委婉暗示。

小高是某公司的職員，工作兢兢業業，上班幾乎從不遲到，因此對於總愛在週一遲到的女同事，心裡很有意見，總想找個合適的機會勸她。

有一天，這位女同事又一如既往急匆匆地奔進了辦公室，氣喘吁吁地跑到打卡機旁邊，慌忙打完卡，然後坐在座位上手忙腳亂地整理檔案。這時，坐在一旁的小高湊了過來，笑著輕聲地向她問道：「我尊敬的女士，星期天晚上有時間嗎？」

「當然有啦，我尊敬的先生。」女同事打趣地說。

「那你就早點睡覺嘛，否則週一早上總是這麼一陣風似地來得匆匆，不怕心臟會承受不住啊？呵呵。」

聽了小高的這句調侃，這位女同事馬上意識到了什麼，在笑聲中羞紅了臉。

小高對女同事的建議是善意的，他也很懂得用幽默來委婉地暗示，因此很容易就讓對方愉快地接受。小高這次的玩笑既沒有傷害到女同事的自尊，反而藉此拉近了兩人之間的關係，以後他們便慢慢成了好朋友。

有一家公司的餐飲部，伙食很差，收費卻很貴，職員們經常抱怨吃得不好，甚至責罵餐廳負責人。

有一次，一位職員向服務生要了一盤魚，可是端上來之後，這位職員失望地發現，這條魚瘦瘠得可憐，幾乎沒有什麼肉，於是就不動聲色地對服務生說：「我與你們餐廳經理是好朋友，麻煩你把他叫來，我們有事商量。」不一會兒，經理來了，這位職員幽默地對他說：「你好，麻煩你過來幫我問問這條魚，它身上的肉都跑到哪裡去了？難道它讓我們來吃魚刺嗎？」

一聽這話，餐廳經理笑了，抱歉地說：「對不起，是我沒注意，居然端給你一條減了肥的魚，我馬上叫人去換。」隨即，他請人重新端上一盤肥嫩的魚。

身在同一個公司工作，作為同事，這位聰明的職員並沒有當面對餐廳經理人加指責，而是利用玩笑讓對方理解到他們的錯誤。如此巧妙的做法，既不至於傷害同事之間的情感，又能緩和氣氛，拉近彼此之間的關係，是一種極為幽默的智慧。

還有兩位保險公司的員工發生了爭執，雙方都誇耀自己的公司支付保險金的速度非常快。第一位說他的公司能在事故發生當天就把保險金送到投保人手中。另一位則說：「那根本不算快。我們公司在大樓的第 23 層，如果有一位投保人從 40 層跳下來，當他經過第 23 層時，我們就可以把保險金支票從窗戶裡交給他了。」

此話一出，剛才還爭執得面紅耳赤的兩人，都不禁哈哈大笑起來，很快就消除了不快。

事實上，隨著當今社會工作壓力的劇增，很多職場人都深感力不從

心，在這種情況下，只有具幽默感的人，才能在硝煙瀰漫的辦公室中突出重圍，給主管和同事良好的印象。能夠在工作中不忘偶爾幽上一默的人，是睿智的，這種輕鬆的處事方法，也必定是大家喜歡的。

【幽默你的世界】

　　常言道「笑一笑，十年少」，身在職場，亦是如此，在恰當的時機，與同事開個得體的玩笑，不僅可以放鬆神經、活躍氣氛，還能創造出適於工作的輕鬆愉快氛圍，進而大大提高工作效率。

　　比如，有個體胖的女同事經常在辦公室裡抱怨說：「我真希望現在是唐朝！要是那樣的話，像我這麼胖的女孩就不會為找男朋友發愁了！」對此，你不妨笑著說：「我也真希望現在是唐朝！因為那樣一來，滿街苗條的美女沒人要，我就可以隨便挑了！」這樣的調侃既不會傷害同事的自尊，同時也能表達出你的善意勸慰，一舉兩得。

把幽默用於推銷，往往能夠出奇制勝

一名業務員最主要的工作是開發客戶，而在此過程中，推銷者的口才，是其最終成功與否的關鍵。如果能夠掌握客戶的心理，渾用機智，巧用幽默，往往就能抓住機遇，出奇制勝，以一種幽默新穎的方式推銷自己的產品。

說至此，不禁令人聯想到早期沿街賣雜貨的小販，他們的叫賣聲總是富含風趣，吸引人的注意力。比如賣老鼠藥的：「咬了箱咬了櫃，咬了你家大花被。你包餃子要過年，它把餃子偷吃完。你捨得花上兩毛錢，家裡的老鼠全玩完。」賣調味品的：「胡椒麵、小茴香、花椒、八角和生薑，不用香油不用醬，包的餃子噴噴香，兩毛錢一大兩，買回家裡嘗一嘗。醉倒新女婿，樂壞丈母娘……」這些叫賣讓人聽了禁不住要開懷一笑。而這一笑，就縮短了推銷者與顧客之間的距離，無形中削弱了買主的戒備心。

對於業務員來說，客戶就是「衣食父母」，而幽默則是禮物，能討得這些「衣食父母」的歡心，進而拓展自己的業務，並邁向成功。

有一位禿頭先生在商店裡漫無目的地閒逛，店員向他打招呼：「先生，買頂游泳帽吧，好保護您的頭髮。」

一聽此話，這位先生有些生氣地說：「笑話！我這幾根頭髮數都數得

出來，保護什麼？」

　　店員微微一笑，說：「可是戴上游泳帽，別人就數不清您的頭髮了。」

　　禿頭先生笑了，想了一想，覺得這位店員說得有理，於是就馬上掏錢買了一頂。

　　這位機智的店員掌握了禿頭顧客的心理，運用幽默的語言讓其從不買轉變到買，可謂出奇制勝，新穎風趣。

　　胡軍是一位推銷鋼化玻璃酒杯的業務員。有一次，他當著許多客戶的面進行示範表演。為了說明酒杯的經久耐用，他把一支鋼化酒杯扔在地上，但是出乎意料的是，這支酒杯「啪」的一聲全碎了。

　　見此情形，客戶們全都睜大了眼睛，疑惑不解，不知道胡軍葫蘆裡到底賣的什麼藥。而胡軍呢，看到這支酒杯在關鍵時刻竟然出差錯，心裡也馬上「咯噔」了一下，但是他立即恢復了平靜，用沉著而富於幽默的語氣對客戶說：「像這樣的杯子我是不會賣給你們的。」

　　聽了胡軍的話之後，大家都輕鬆地笑了，以為他這次摔碎杯子是有意而為，是為了引出下面的表演，吊大家的胃口，場內的氣氛頓時活躍起來。而胡軍呢，則乘機順坡而下，又扔了五六個杯子，都成功地沒摔破，這一下馬上就博得了客戶們的信任，賣出了幾十打酒杯。

　　胡軍在第一次摔杯子的時候，他做夢也沒想到關鍵時刻會出差錯——酒杯被摔碎。對於這種突如其來的意外，胡軍卻能隨機應變，順水推舟，讓突發情況成為推銷的一個環節，從而產生強烈的幽默效果，最終達到推銷的目的，這種手法可謂是新穎出奇。

　　小張是某建設公司業務員，一天，他向前來看房的客戶這樣誇耀道：「您看，我們所建的這個社區，非常乾淨，陽光明媚，空氣清新，鮮花綠

草到處都是，可以毫不誇張地說，疾病與死亡跟這裡的居民無關……」

正在這時，遠處一隊送葬的人哭聲震天地走了過來。這位業務員馬上又對客戶說：「您們看，這位可憐的人 —— 他是這裡的醫生，就因為無病可醫，失去了工作，被活活餓死了。」

這位業務員的腦筋轉得很快，如果他當時對於送葬隊伍的出現沒有合理的解釋，等於是對他前番吹噓自打嘴巴，客戶對他的印象肯定大打折扣，從而對其房子產生懷疑。然而業務員的幽默正好打破了尷尬，最終令這筆交易順利地進行。

美國著名的音樂指揮家斯托科夫斯基（Leopold Anthony Stokowski）經常光顧一家小飯館。老闆每天都準備豐盛菜色招待他，卻不肯收他一分錢的餐費。對此，斯托科夫斯基很是納悶，有一天終於忍不住問老闆：「你為什麼對我這麼客氣？我又不是付不起飯錢。」

老闆恭恭敬敬地回答道：「我非常尊崇音樂，不在乎您的飯錢。」

斯托科夫斯基聽了很受感動。但是當他走出餐館，卻驚訝地發現在櫥窗裡掛著一塊廣告牌，上面寫著：「請到本餐廳和偉大的音樂指揮家斯托科夫斯基共進早餐、午餐和晚餐。」

這位老闆真是一位深諳捨得之道的高人，他以免費的飯菜吸引指揮家前來就餐，看似失去了一筆收入，其實卻是用指揮家的影響力來無形中為餐館招攬顧客，以此讓更多的人前來吃飯。如此以小博大的做法，實在是經商的一門大智慧。

總之，業務員在職場上和客戶打交道，就像是媳婦伺候難纏的婆婆，稍不留心就會面臨非常棘手的處境。媳婦必須練就一身善於左右逢源的幽默之術，確保自己在對付刁鑽的婆婆時，做到遊刃有餘。

【幽默你的世界】

　　大多數顧客遇到業務推銷商品時，往往會產生本能的反感而冷言拒絕。此時身為業務，不妨適時地運用幽默來靈活反擊。

　　比如，你是推銷帽子的業務，當顧客埋怨帽子太貴時：「天哪，這樣一頂帽子竟然這麼貴！用這些錢足可以買一雙很不錯的皮鞋呢！」此時，你就要迅速接話回答說：「先生，您說得一點都不錯，但是您要知道，再好的皮鞋，也不可能當成帽子戴在頭上呀！」這樣一來，肯定會博得顧客一笑，從而很快消除對方的反感。

關鍵時刻，用幽默為尷尬者打圓場

一般而言，領導者比普通人更注重面子，尤其是在公共場合。此時身為下屬，如果你能勇敢地站出來，運用隨機應變的幽默來替上司解圍，不僅保全上司的情面，同時為自己的職場前途發展奠定基礎。

清朝末年有個知縣叫陳樹屏，口才極好，尤其善於調節紛爭。一次，他宴請上司張之洞和譚繼詢等人，而張、譚兩人素來不和，席間話題談到長江江面寬窄時，張之洞就與譚繼詢高聲爭吵了起來。譚繼詢說江面寬是五厘三分，而張之洞則堅持說是七厘三分。兩人爭得面紅耳赤，互不相讓，原來輕鬆的聊天氣氛也變得緊張起來。

見此情形，陳樹屏知道兩位上司都在借題發揮，故意爭吵。為了緩和氣氛，陳樹屏站起身笑著對張、譚兩人說：「其實兩位大人說得都對。江面在水漲時寬到七厘三分，而退潮時便是五厘三分。張大人是指漲潮而言，而譚大人則是指退潮而言，所以你們說得都有道理。」

一聽此話，在座的眾位官員紛紛鼓掌，而張、譚兩位大人呢，也都心服口服，不好意思再爭論下去了。

知縣陳樹屏風趣地把江寬分為兩種情況，一寬一窄，使張、譚兩人的觀點在相應的情況下都顯得正確，從而巧妙地為上司解了爭吵之圍，讓自

己在眾人心中留下了更好的印象。

清朝「無冕女皇」慈禧太后，相傳非常喜愛看京戲，並且經常賞賜藝人。有一次，當她看完著名演員楊小樓的戲後，把他召到眼前，指著滿桌子的糕點說：「你唱得很不錯，這些東西賜給你吧！」

豈料，楊小樓不想要糕點，他壯著膽子說：「叩謝老佛爺，這些尊貴之物小民不敢領，請您另外賞賜……」

「那你想要什麼？」慈禧當時的心情不錯，因此並未生氣。

楊小樓又叩頭說：「老佛爺洪福齊天，不知可否賞個字給奴才？」

慈禧聽了，一時興起，便命人捧來筆墨紙硯，然後舉筆一揮，寫了一個「福」字。

這時，站在一旁的小王爺，看了慈禧寫的字後，悄悄地說：「福字是『示』字旁，不是『衣』字旁。」這話被慈禧聽到了，她頓時覺得很尷尬，因此既不想讓楊小樓拿走錯字，同時也不好意思再要過來。而楊小樓呢，發現慈禧把「福」字寫錯後，也很緊張，裝聾作啞拿回去吧，必遭人議論，還會犯下欺君之罪；不拿回去吧，也不好，弄不好惹怒了太后，自己的小命就保不住了。現場的氣氛一下子緊張起來。

就在這關鍵時刻，旁邊的宦官李蓮英眼珠一轉，笑呵呵地打圓場說：「老佛爺之福，比世上任何人都要多出一『點』呀！」聰明的楊小樓一聽這句話，腦筋馬上轉過彎來，他連忙叩首道：「老佛爺福多，這萬人之上之福，奴才怎麼敢領呢！」

慈禧太后正為下不了臺而發愁，聽楊小樓這麼一說，急忙順水推舟，笑著說：「好吧，既然這樣，那就隔天再賜你吧。」

就這樣，原本尷尬無比的處境，被李蓮英一句幽默之詞給輕輕鬆鬆地

化解了。

李蓮英也是一位能夠經常替長官打圓場的幽默智者，怪不得他一向受到慈禧太后的看重！由此可見，想要獲取上司的青睞，除了自身的工作能力外，關鍵時刻能夠挺身而出，巧用幽默為上司排憂解難、出謀劃策，亦尤為重要。

小王是某建築公司老闆的祕書，有一次，他隨同老闆去參加某工程的「大幹三十天，確保十月底封頂」的誓師大會。豈料，正當誓師儀式在如火如荼地進行的時候，不知道為什麼，坐在主席臺上的老闆的座椅忽然倒下，老闆隨即從椅子上摔了下來，場面一時變得非常尷尬，甚至臺下還有人笑出了聲。

見此情形，坐在老闆身旁的小王趕緊將老闆扶起，並接過麥克風，大聲說道：「今天的誓師大會開得很好，大家的決心也都很大，摩拳擦掌，準備大幹一場。你們看，我們的總指揮都已經坐不住了……所以希望大家團結一致，確保三十天封頂！」

話音一落，臺下立即爆發出一陣雷鳴般的掌聲。而老闆呢，也微笑著用感激和讚許的目光看了看小王。

在誓師大會這樣隆重的場合，總指揮從椅子上摔落下來，這是多麼尷尬的情景。然而小王的一段即興發言，巧妙地打了圓場，為尷尬的局面解了圍，對於這樣一位幽默機智的下屬，哪個主管不欣賞呢？

平時習慣前呼後擁的領導者，一旦碰上尷尬的場面，丟臉的感覺絕對會比常人更強烈。因此作為下屬，在此時以幽默來解圍，是分內之事，同時也能讓上司更加喜歡你；相反，如果你悶不作聲，眼睜睜甚至幸災樂禍地看著他獨自承擔這種尷尬，那麼你恐怕也很難有好結果。

【幽默你的世界】

運用幽默來為上司打圓場，找對理由是關鍵。隨機應變，盡量把打圓場的言語說得風趣幽默，甚至新奇怪異，不合常理，這樣效果往往會更好。

比如，某一日，你的上司正在辦公室裡忙於工作，這時祕書接到一通電話，說是上司老婆打來的，上司問祕書：「她說什麼了嗎？」這位新來的祕書脫口說道：「她說她吻你。」一聽此話，上司很是尷尬。這個時候，你就不妨笑著打圓場對祕書說：「小王啊，你沒看經理正在忙嗎？這個吻你就先替他收著，待會兒再還給他。」這樣一來，必然逗笑在場同事，從而讓上司輕鬆脫離窘境。

幽默地拍拍馬屁，可讓對方心花怒放

張三和李四兩人在科舉考試中榜上有名，被朝廷派到外地去做官。走之前，他們向自己的老師辭行。老師語重心長地告誡道：「官場複雜，已不得讀書之時，所以你們以後凡事要小心謹慎為妙啊。」張三胸有成竹地說：「老師您放心，我準備了一百頂高帽子，逢人就送一頂，想必不會出什麼婁子。」

一聽此話，老師很生氣：「你怎麼可以這樣呢？平時我是怎麼教育你們的？還沒正式做官，就先染上了官場的壞習慣！」見老師動了怒，李四馬上賠笑說道：「老師您說得很對！現在世風日下，像您這樣廉潔奉公、實事求是、不喜歡奉承的人，實在是太少了。」聽了李四的這幾句話，老師馬上轉怒為喜，眉開眼笑地誇他所言甚是。

最後，離開老師家後，李四笑著對張三調侃道：「你的高帽子就只剩下九十九頂了。」

笑話講完了，不知大家從中悟出了什麼道理。實際上，人人都喜歡聽好話，即便是故事中那個廉潔正直的老師也不例外。而在職場中，運用這種幽默的拍馬術來應對上司，更有必要。所謂「伸手不打笑臉人」，意思是說喜歡聽奉承話是人性。只要你的馬屁拍得夠好，夠幽默，往往令上司

對你刮目相看，從此愈加信任和欣賞你。

　　小夏是某公司老闆的祕書，但是他的工作卻很清閒，因為老闆習慣自己動手寫講稿，即便有時候吩咐小夏為他準備稿子，這位老闆也會事先告訴他稿子「架構」，供他執筆時參考。聰明的小夏經常風趣地對老闆說，「像您這樣當老闆，我們都快失業了」、「人家都說做祕書寫稿子是件苦差，可是我卻覺得為您寫稿子是件很美的差事」等諸如此類的讚美之詞。而老闆聽了這些話，覺得也很順耳，每次都愉快地接受了。

　　試想，假如小夏沒有運用幽默，直來直去地誇讚老闆：「您真有水平！別的老闆都比不上您！」說不定這位老闆會接受不了，認為小夏是故意拍他的馬屁，時間久了，肯定會對小夏反感。所以說，對上司拍馬屁，要講究方法策略，如果你一味赤裸裸地猛誇海讚，反而弄巧成拙，落下一個「阿諛奉承」的壞印象。

　　薛鵬是某公司的部門主管，他發現總經理在掌握公司業務的同時，還撰寫了一本有關經商之道的書稿，便如此奉承他：「總經理，我覺得您在企業工作真是一個錯誤的選擇，如果您專門研究經營管理，肯定能成為商務管理的專家，而有更加突出的成果問世。」

　　聽完薛鵬的這席話，總經理不滿地問他：「你的意思是說我不適合做公司的總經理，應該另謀他職嗎？」看見總經理產生了誤解，本來想拍對方馬屁的薛鵬頓時緊張得頭冒冷汗。就在此時，機智的祕書過來替薛鵬解圍，說：「薛主管的意思是說您是個多才多藝的人，不僅本職工作掌握得好，其他方面也非常出色。」

　　總經理聽了笑了笑，轉身走了，但是臉上明顯地還是餘怒未消。

　　作為下屬，薛鵬本來是好心好意想藉機恭維總經理，但是由於他拍馬

屁的方式不當，導致對方產生了誤解，心懷不滿。而那位聰明的祕書卻能見風使舵，及時地化解了尷尬。由此可見，同是對上司拍馬屁，不同的表達方式，效果卻十分懸殊。

總之，一個聰明的下屬並不是總以赤裸裸的奉承之詞來對上司拍馬屁，相反地，他往往能夠運用幽默，見機行事，風趣地恭維上司，從而把馬屁拍到對方的心裡，另上司心花怒放。

【幽默你的世界】

這年頭，在職場上打拼的武器除了真槍實彈的硬功夫外，還要有兵不厭詐的軟刀子，因此運用幽默來拍上司的馬屁不僅有必要，而且還非常重要。然而拍馬屁既不能生硬做作，同時也不能肉麻得讓人起雞皮疙瘩。

比如，你的上司是位愛打扮的女性，但是她的打扮方式總是讓人不敢恭維，經常在披散開的頭髮上別上一枚髮夾，看上去活像舊上海的交際花。對此，你不妨誇讚她道：「人漂亮怎麼打扮都好看，老闆，您看您的髮質這麼好，膚色又白，把頭髮盤起來肯定很有風韻。讓我幫您換個髮型吧，我曾經學過幾個月的美容美髮呢！」這樣的說辭既不會讓對方反感，同時又能讓對方笑呵呵地接受你的建議。

第九章

戀愛的幽默

幽默搭訕，刻意製造與異性接觸的機會

每個人都希望在茫茫人海中遇見夢寐以求的「夢中情人」。假如有幸碰到了自己心目中的另一半，該如何更好地去靠近他（她）？太過冒昧地打招呼會驚嚇到對方，但是你又不忍心就此放棄。在這個兩難時刻，幽默搭訕不失為一種好方式，它往往能夠幫助你找到可進可退的說話餘地。

在一個聯誼場合，一位男士對坐在他對面的女士產生了好感，但他不知道對方是否已婚。於是他主動上前對那位女士問道：「見到你很高興，你老公怎麼沒來？」

「不好意思，我還沒結婚……」女士難為情地回答道。

「哦，我明白了，你老公跟我一樣，都是單身。」男士笑著調侃道。

聽了這句風趣的話，女士不由得笑了，馬上就對眼前這位素不相識的男士產生了幾分好感。

這位男士首先巧妙地詢問，得知了女士的婚姻狀況，然後又馬上以幽默的回答向對方傳達了自己也是單身的訊息，真可謂機智、靈敏。

馬歇爾（George Catlett Marshall, Jr.）是美國著名的五星上將，有一次，他在駐地的酒會上，被一位美麗大方的小姐深深吸引住，於是就端著酒杯微笑著走過去，主動與對方搭訕：「尊敬的小姐，很榮幸見到您，請

問您能答應我一個小小的要求嗎？」那位小姐久聞馬歇爾的大名，看對方竟然主動過來跟自己說話，頓時心花怒放，連忙點頭。

「請問我能在酒會結束之後開車送您回家嗎？」馬歇爾依然友好地微笑著說道。

「當然可以。」這位小姐當即滿口應允。

其實馬歇爾早就知道這位小姐的家就在駐地附近，但他還是佯裝不知，慢悠悠地開了一個多小時的車才把對方給送到家門口。見此情形，小姐疑惑地問他：「看來您是剛來這裡沒多久吧？怎麼好像不太認識路？」

「我不敢那樣說，若我對這個地方不太熟悉的話，怎麼能夠開了一個多小時的車，而一次也沒有經過你們家門口呢？」馬歇爾幽默地回答道。

聽了這句回答，小姐心有所悟，會意地笑了。

馬歇爾的巧妙話語隱含了「我其實是想和你多待一會兒」的意思，幽默的趣味盡在其中。由此可見，在運用幽默與異性搭訕之前，我們要盡量讓大腦處於活躍的狀態，以便隨時發揮；若你在與對方的交流過程中，思緒不夠穩定表顯得侷促不安，難免讓彼此產生不必要的窘態，這樣一來，幽默也就無從談起了。

小沈是某公司的業務員，一次在朋友的婚禮宴會上，他忽然發現有位漂亮的小姐氣質非凡，她身穿低胸晚裝，潔白的脖子上繫著一個銀白色的小飛機項墜，舉手投足間顯示出大家閨秀的風範。小沈馬上對這位小姐產生了好感，但是由於生性靦腆，等小沈走到那位小姐跟前時，卻一時不知道該如何開口，所以當他看到對方白皙、豐滿的胸部時，便害羞地低下了頭。

這個小姐也很細心，看到小沈主動走到自己跟前卻一直不開口，於是就溫柔沉靜地對他說：「你喜歡我脖子上這個銀色的飛機項墜嗎？」

小沈鼓起勇氣說：「的確，小飛機非常漂亮，但是，我覺得更漂亮的是飛機場。」

聽了這句風趣的讚美之詞，女孩開心地笑了，於是主動與小沈聊天。

男女之間總是充滿著神祕感，同時也充滿了誘惑。面對這種誘惑，很容易讓人產生誤解，所以如果你想要接近心儀的異性，就應該像故事中的小沈一樣改變心態，大方得體地去面對對方，把握好接近異性的尺度，別因非分之想而使對方產生厭惡之感。

某大學圖書館，一位男生和素不相識的女生對坐看書。一個小時後，女生起身要走，男生伸手攔住她：「這位同學，別忙著走啊，你應該賠償我吧？」

女生一愣，面帶慍色道：「賠償你？賠償什麼？」

男生微笑著說：「剛才我坐在你對面看書的時候，你曾經有意看了我幾眼，當時我一下子就被你的眼睛給電到了，所以你應該賠償我啊，作為一個有責任感的大學生，尤其是一個成年人，應該對自己的行為負責任吧。」

一聽這話，女孩開心地笑了，馬上對眼前這位帥氣的男生產生了好感。在兩人接下來一個月的交往中，這個男生果真以自己幽默俏皮的語言輕而易舉地獲得了女孩的芳心，兩人很快就陷入了甜蜜的熱戀中。

其實，與異性進行幽默溝通並不是件難事，只要你採取肯定和親切的態度，不輕易說「不」，留意保護對方的自尊心，從而使其樂意與你繼續交往。

小李是個性格開朗的年輕人，一次，他在逛街的時候，忽然看到前面有位十分漂亮的女孩，頓生好感，情不自禁地追了上去，女孩走到哪兒，小李就走到哪兒。

女孩發現自己身後有人在「跟蹤」，很不解，停住腳步回頭問小李：「我們素不相識，你為何一直跟著我？」

「妳太迷人了，我忍不住想跟著妳。」小李是個實在人，說話直來直去。

看著小李滿臉的羞澀，女孩明白，對方不是壞人，於是就微笑著反問他：「是嗎？那你說說，我有什麼吸引你的地方？」

「妳就像一朵盛開的鮮花！」小李直言不諱地回答道。

一聽這話，姑娘心裡自然是很開心，但為了保持矜持，她還是故作生氣地對小李說：「瞧你這個醜樣，像個甲殼蟲，我可不喜歡你！」

「不，妳說錯了，我像隻蜜蜂！」小李不慍不火，平靜而幽默地回敬道。

聽了這句幽默風趣的回答，女孩掩嘴一笑，害羞地低下了頭。

故事中的小李受到嘲諷後並沒有氣餒，而是幽默地逗她一笑，從而提升自己在對方心目中的印象。這也就啟發我們，當你搭訕愛慕的異性時，如果出師不利，遭到對方的諷刺或拒絕，沒關係，不妨盡量想方設法使自己的語言再幽默一些，結果往往會出人意料。

【幽默你的世界】

如何巧妙運用幽默來與異性搭訕？最主要的一點就是盡可能地利用一切可捕捉到的線索、可見的情景幽默一下，跟她開個得體的小玩笑。

比如，你偶遇一位美女，非常想找個話題與她搭訕，你不妨走上前問她：「美女，請問現在幾點了？」對方說出幾點後，你故作驚訝地說：「這麼巧？我的錶也是，那你的手機號碼是多少呢？看看是不是也和我的一樣？」這樣一來，肯定會逗得對方哈哈大笑，接下來你們之間的交流便會輕鬆、愉快得多。

幽默表白，讓你的追求更顯浪漫

　　表白求愛，是戀愛初期必走的一步。對此，有的朋友喜歡直抒胸臆，毫無保留地將自己的感情全盤托出，或當面陳述，慷慨激昂，抑或鴻雁傳書，情溢紙上；有的則海誓山盟，恨不得將全世界都許諾給對方……但是你有沒有想過？若事先沒有把握她到底是否也對你有意思，這些看似勇敢的舉動，很有可能當面遭到拒絕，甚至嚴重傷害自己的自尊心，無法體面地撤退。如此勢必令雙方難堪，不僅戀人做不成，更可能連普通朋友也做不了。

　　因此巧用幽默來求愛表白，不僅能讓自己的愛情之路浪漫且溫馨，即便遭到了拒絕，也不至於太尷尬。

　　年輕男孩和女孩從小就在一起長大，可謂青梅竹馬。等到情竇初開的年齡，男孩一直想尋找機會對姑娘表達愛慕之心，但是他內心忐忑不安，不知道對方會作何反應。經過一番苦思，他終於有了個好主意。

　　這天，男孩把心儀的女孩約了出來，故意裝作深沉的樣子對她說：「我心裡一直有個祕密，妳想知道嗎？」女孩好奇地說：「當然想知道了。」

　　男孩憂心忡忡地說：「唉，我喜歡上了一個美麗的女孩，她是我見過的最美麗的人，我已經愛慕她很久很久了。」

一聽此話，女孩心裡不免有些緊張，因為她其實也一直在暗戀著他，便著急地追問：「是誰？我認識嗎？」

男孩微微一笑，說：「你肯定認識她。我一直把她的照片視為珍寶，你也來看看吧。」說罷，男孩從口袋裡拿出一個很精緻的小盒子遞給女孩。

女孩趕緊拿過來，開啟一看，卻發現裡面根本沒有什麼照片，只有一面小鏡子。她正在納悶，發現自己的臉就在那面小鏡子裡，於是馬上心領神會，回過頭來看看男孩，害羞地笑了。

這個浪漫的愛情表白故事的主角其實就是馬克思（Karl Marx）和他的夫人燕妮（Jenny Marx）。馬克思以巧妙而幽默的方式向燕妮表明愛意，同時帶給心愛的人出其不意的驚喜和浪漫，為自己的愛情之旅增添了莫大的幸福感。由此可見，幽默的求愛表白更能輕易地開啟異性的心扉。

小周在某公司財務上班，由於工作需要，他經常到附近的一家銀行辦理存錢和領錢業務。久而久之，他對銀行 2 號窗口那位叫李娜的出納員產生了好感，於是決定找個機會向對方表白。

這天，小周像往常一樣又來到銀行，正巧李娜在值班。輪到小周辦理業務時，他把一張紙條連同要辦理業務的銀行存摺一起遞給了李娜。

一頭霧水的李娜好奇地開啟了紙條，卻看到了下面一段既讓她忍俊不住同時又心懷忐忑的話語 ──

「親愛的娜：我一直儲蓄著我的這個想法，期望能得到利息。如果週五有空，你能把自己存在電影院裡我旁邊的那個座位上嗎？當然，我已經把你可能已另有約會的猜測都記在帳本上了。如果真是這樣，我將取出我的要求，把它安排在星期六。不論貼現率（Discount Rate）如何，做你的

陪伴始終是十分愉快的。我想你不會認為這要求太過分吧，以後來同你核對。真誠的周明。」

看了這段很有趣的約會表白，尚在單身的李娜心怦怦直跳，她這才明白，那個叫周明的年輕人之所以每天都來銀行辦理業務，都是為了她！李娜無法抗拒這誘人、新穎的求愛方式，最後在星期五如約和周明約會了。

的確，美好的愛情往往是可遇而不可求的，我們要像故事中的小周一樣，善用幽默抓住身邊的每一個機會。山盟海誓的話誰都說得出來，但卻不見得每個人都能掌握幽默的技巧。所以在與心儀的她初見的一瞬間，就要用別有一番特色的幽默語言來抓住對方的心，表達出我們內心深沉的愛戀，這往往要比那些挖空心思想出來的甜言蜜語管用得多。

民國時期，著名將領馮玉祥在選妻的時候，風格極為獨特。他先問前來參選的女孩們：「妳們為什麼要跟我結婚？」

面對這個問題，有的回答：「因為你官大，和你結婚就是官太太。」有的則說：「你是個英雄，我愛慕英雄。」

面對如此回答，馮將軍都不中意，一個勁兒地搖頭嘆息。

就在此時，李德全小姐也來應徵，雖然在長相上她並不占優勢，但是她卻出口不凡：「我之所以想和你結婚，是因為上帝怕你辦壞事，所以派我來監督你！」

這話機智幽默，且有女中豪傑之氣。馮玉祥笑了，毫不猶豫地認定了她作為自己的妻子。

面對那麼多的應徵者以及這種嚴肅莊重的場合，機智的李德全小姐不但沒有絲毫怯場，而且還能保持一顆平常心，利用可捕捉到的線索誇張地幽默一下，可見她擁有何等超常的勇氣！

　　所以說，要想利用幽默來開啟對方的心扉，首先必須得有足夠的勇氣，面對比自己優秀的人，絕不能被對方的傲氣嚇得手足無措，而是要盡可能地利用一切可見的情景，開個玩笑。俗話說：「笑了，事情就好辦了。」如果你的幽默能夠讓對方展現出燦爛的笑容，那麼下一步就好辦多了。

　　當然，幽默地表白愛情也要注意分寸，千萬別把幽默單純地當成一種達到目的的手段，否則極有可能因言語不得體而使對方產生誤解，甚至厭惡、反感。

【幽默你的世界】

　　運用幽默來表白愛情，大致有如下幾種方式：

　　（1）柔情似水：喜歡，就是淡淡的愛。愛，就是深深的喜歡。我希望以後可以不用送你回家，而是我們一起回我們的家。

　　（2）直接露骨：讓我死後葬在你們家祖墳吧！

　　（3）玩轉特技：你願意嫁給我嗎？如果願意請站著舉高雙手，如果不願意，請站著舉高雙腿。

　　（4）佯裝影迷：（指著戶口本的配偶欄）甜心，我好崇拜你，幫我簽個字吧！

　　……

幽默拒愛，讓對方在笑聲中感受到你的魅力

在通往愛情玫瑰園的路上，人人都有愛的權利，當然也有不愛的權利。當有人向你表白愛慕之情，而你心裡並不喜歡對方時，拒絕在所難免。然而拒絕對方的言辭是需要委婉恰當的。倘若你的言辭過激，不僅傷人自尊，還可能使對方因愛生恨；而如果你的言辭過於隱晦，則又容易讓對方心存幻想，繼續與你作無謂的糾纏。因此，恰當地把握拒絕的分寸，運用幽默的語言來暗示對方，是十分重要的。

2011 年 9 月 17 日，一名妙齡少女，因為嚴辭拒絕政府官員子女的求愛，竟然被其用打火機油潑臉焚燒，慘遭毀容，面部、頸部、胸部嚴重燒傷，一隻耳朵也被燒掉了。此一憾事引起廣泛關注，由此省思應如何正確拒絕求愛。

能夠得到別人的愛是你的魅力，而能夠巧妙地拒絕別人的愛，也是一種魅力。巧妙加上幽默的拒絕，往往令人在笑聲中感受到體貼入微的溫暖，進而避免彼此之間的敵意。作為被追求者，即便你心裡對對方一萬個不喜歡，也沒有權利去辱罵求愛者，甚至侮辱求愛者的人格。

邢斌是某公司的主管，英俊瀟灑，多才多藝，深深吸引著未婚女同事們的心。一次，公司裡有位女孩名叫趙芳，大膽向他表白了愛慕之心，並

寫了一封火辣辣的情書。但是邢斌卻不喜歡趙芳，甚至有些反感。對於趙芳的表白，邢斌生硬地拒絕了，竟然還在辦公室當著眾多同事的面，將趙芳寫給他的情書公之於眾。

看到心儀的人竟然如此羞辱自己，趙芳傷心欲絕，當天下班回家後，賭氣吞下大量的安眠藥，幸虧被人發現得早，才免於一死。次日，邢斌得知這個訊息，懊悔不已，深感自責。而公司長官知道此事後，馬上就把邢斌叫到了辦公室，嚴厲地批評他說：「你怎麼可以對趙芳這樣呢？儘管你不喜歡她，也不能如此當眾諷刺人家啊，真是沒道德！」

假如當時邢斌能夠運用幽默，私下委婉拒絕趙芳，事情也不會走到這一步。不管自己如何討厭對方，面對求愛，應有禮貌地先說聲「謝謝」，然後再想法婉轉地拒絕，這才是為人處世之道。

劉剛是某飯店的廚師，二十初頭，還未曾談戀愛。有一次，飯店新進來幾位女服務生，其中一位叫謝雲的女孩深深吸引了劉剛，讓他一見傾心。於是，劉剛決定開始對謝雲發起「攻擊」，爭取把她追到手。但是怎麼示愛呢？想來想去，一向喜歡文學的劉剛決定寫一封情書先試探一下。劉剛這樣寫道：「親愛的，無論是摘菜時，還是炒菜時，我都會想到你，你就像鹽一樣不可缺少。我看見雞蛋就想起你的眼睛，看見番茄就想起你柔軟的臉頰，看見大蔥就想起你的纖纖玉指，看見香菜就想起你苗條的身材……嫁給我吧，我會把你當作熊掌一樣去珍視。」

收到這封很幽默的示愛信後，聰明的謝雲很快就給劉剛回了一封信：「我也想過你那像鵝掌的眉毛，像番茄的眼睛，像大蒜頭一樣的鼻子，像馬鈴薯似的嘴巴，還想起過你那像冬瓜般的身材。不過順便說一下，我不打算要個像熊掌的老公，因為，我和你就像水和油一樣不能彼此融合，你

能明白我的意思嗎？」

　　看了這封風趣的回信，劉剛被逗笑了，但是在哈哈大笑之餘，他也明白，自己這輩子是不可能與謝雲在一起了，因為對方在信中已經暗示得很明白。

　　謝雲給劉剛寫的這封拒絕求愛的信是多麼的幽默搞笑，既不動聲色地達到了自己拒絕的目的，同時又沒有傷及劉剛的自尊，讓對方在哈哈大笑中明白自己的心意，真可以說是一舉兩得。

　　古羅馬帝國時期，有個叫希帕蒂亞（Hypatia）的女數學家長得非常漂亮，所以從少女時期，很多英俊少年、貴族子弟就頻頻追求她，求愛信整天堆滿她的桌上。但是希帕蒂亞一向對愛情抱著慎重和嚴肅的態度，她沒有答應其中任何一個追求者，而是巧妙地拒絕道：「對不起，諸位，我已經獻身真理了。」

　　為了應付絡繹不絕的糾纏，聰明的希帕蒂亞幽默地用「已經獻身真理」這個藉口拒絕了眾多不太滿意的追求者，既保全了他人的面子，又維護了自己的利益，實在是美妙得體、委婉含蓄。

　　一位鋼琴師向同樂團的一位女孩求愛，情書上寫道：「你的皮膚像白色琴鍵那麼白淨，你的頭髮像黑鍵那樣黑亮，你在我眼裡，是世界上最美的一架鋼琴。」

　　那位女孩回覆道：「可是我是拉小提琴的，而從你的身材來看，很像大貝斯（低音提琴，樣式笨大），我擔心我們琴瑟不諧呀！」

　　這位姑娘針對鋼琴師充滿職業特性的求愛信，巧妙採用同樣充滿職業性的方式予以拒絕。由琴瑟和諧到琴瑟不諧，拒絕的語言透出高雅的氣質。所以在現實生活中，一旦你遇到求愛者抱著談情說愛想法的約會，如

果你不喜歡對方，為了防患於未然，最好儘早對他婉言謝絕，讓對方明白你的心思，友好放棄對你的追求。

當然，在愛情的角力之中，被拒絕的一方難免會有受傷的感覺。這個時候，如果你能夠大方地安慰一下，則是最好不過了。

一位漂亮的小姐在拒絕一名男子的求愛後，安慰他說：「不過，親愛的，你不必太過於悲傷，我會永遠欣賞你的好眼光。」

這位小姐以一種讚許的姿態來看待別人的愛慕，不僅做法十分得體，而且展現出一種良好的教養。

總之，戀愛場上，幽默地拒絕別人是一種與人友好相處的藝術，既不會令人尷尬，又可以很好地表達自己的意思。這就是幽默的力量。

【幽默你的世界】

如何才能幽默地拒絕別人的示愛？不妨學習以下兩種方式：

借物喻人，委婉回絕。比如當你發現有人對你「窮追不捨」時，不妨買個泡泡糖送給他，然後寒暄幾句後匆忙告辭。這其實就是告訴對方：泡泡糖最易破裂，所以你一廂情願的愛，是達不到目的的。

巧借對方話題，找出最佳拒絕「點」。比如有位男士想約你出去吃飯，向你表白愛意，你不妨順著他的話題說：「正巧，我也有件很重要的事要求你幫忙，我男朋友最近臉上長了青春痘，你知道用哪一款洗面乳最好？」這樣一來，既可以達到拒絕的目的，同時又不至於傷害對方的自尊。

緊要關頭，巧用幽默來化解戀愛矛盾

俗話說「相愛容易相處難」，戀人之間也免不了碰撞、摩擦。當戀人間起爭執時，若能夠適當地加入幽默潤滑劑，不僅能夠避免摩擦，還能增進雙方感情。

一次，杜明帶女友參加一個派對。正當大家玩得不亦樂乎，有個朋友問杜明：「聽說你女朋友脾氣挺暴躁的，人稱『河東獅吼』？」一聽此話，愛面子的杜明不甘示弱，藉機吹噓道：「怎麼可能！我女朋友對我溫順極了，見了我就像見了老虎一樣！」豈料，這話一不留神被旁邊的女友給聽到了，她馬上怒火中燒，站起身對杜明喝斥道：「混帳！到底誰是老虎？」

看見心愛的女友發了飆，杜明很緊張，但是瞬間他就笑著風趣地說：「不錯，我說我是老虎，但是你是武松呀！」一聽這話，女友的氣馬上就消了，笑呵呵地坐了下來。

杜明就是巧妙運用了「武松打虎」的典故，化解了與女友之間的衝突。所以面對「野蠻女友」，諸位不妨學學杜明這一招。當你明知道自己做錯了的時候，也要以幽默的方式來和你的戀人一起笑，笑你自己的錯誤。這樣一來，往往就能讓一場迫在眉睫的衝突偃旗息鼓。

丁峰和小蘭已經談了幾個月的戀愛，兩人感情如膠似漆，已經到了無話不說的地步。

一個週末，丁峰約小蘭去看電影。可是當天晚上，丁峰在電影院門口左等右等了半個多小時，小蘭才匆匆趕到。看著遲到的心上人，丁峰心裡又氣又愛。而小蘭呢，卻若無其事地對丁峰解釋說：「對不起啊，我來晚了，不過這次是有原因的，我的手錶停了。」

丁峰笑笑說：「看來你需要換一支手錶了，否則，下次約會我就得換人了。」

聽了這句幽默的話，小蘭笑著嗔怒地在丁峰胸上揍了一拳，兩人高高興興地朝電影院走去。

一個是約會遲到了半個小時，一個是原地等待等得心急火燎，要是換了其他人，說不定就會臉色難看地大吵一架。但是聰明的丁峰卻沒有這樣做，而是以一句玩笑話巧妙指出了女友的錯誤，輕輕鬆鬆就化解了一場衝突。由此可見，使用這種幽默之術來化解矛盾效果很不錯。但是假如你和對方的關係還比較生疏，最好不要開這樣的玩笑，弄不好的話，女友不但不會「換手錶」，還有可能把你這個男朋友給換了。

同樣是約會遲到，下面這位女孩的做法也很風趣。

某天，一對戀人到晚上十二點以後才戀戀不捨地分別。分別時，雙方約定明天晚上老地方見。可是第二天男孩如約來到老地方，到了約會的時間，女孩還是沒有來，焦急地等了幾個小時，男孩最後悶悶不樂地回去了。

第三天晚上，女孩主動找到了男孩。這時，男孩還在為昨晚的事憋著一肚子氣，於是就生氣地問道：「明明說好昨天來的，妳怎麼今晚才來？」

女孩不慍不火，笑著回答說：「親愛的，我不算失約啊，因為那天晚上我們分手時不是零點以後了嗎？」

這位女孩巧妙模糊時間概念，以「前天晚上零點以後的約定」，很順理成章地為自己的爽約找了藉口，同時又博得了男友的哈哈一笑。

徐建因為犯錯惹得女友生氣了，女友一連好幾天都不理他。無奈之下，徐建只好買了一袋女友最愛吃的蘋果和一罐紅豆放在女友家門口，並留下字條，上面寫道 ——

紅豆生南國，春來發幾枝。

願君多採擷，此物最相思。

送你一蘋果，願解心頭鎖。

唯有一事求，請你原諒我。

紅豆寄相思，蘋果表歉意。

面對徐建這麼有才情的詩句，女友心中的不快馬上就化作嘴邊的莞爾一笑，很快就原諒了他，與他重歸於好。

一位遠在外島當兵的年輕人，想寫信給家鄉的女友，卻粗心大意，老是寫出錯別字，他給心上人的情書，開頭一句將「親愛的姑娘」寫成了「親愛的姑媽」。

女孩收到信後，覺得很可笑，為了讓男友改掉這個馬虎的缺點，她故意把信給退了回去，而且還風趣地附了一首打油詩：「怪你眼睛瞎，姑娘喊姑媽，若還嫁給你，羞死我一家。」

年輕人看到這首打油詩後，自覺丟臉，同時心裡也很害怕女孩因此和自己分手，於是他回信為自己辯解道：「媽也就是娘，娘也就是媽，娘媽本相同，姑娘是姑媽。」

看到這幾句順口溜，女孩開心地笑了，她徹底原諒了年輕人，兩人的感情由此也急遽升溫。

總之，戀愛就像一支雙人舞，再高超的舞者也難免有踩腳的時候，所以犯錯誤是戀愛中無法避免的事。當一方做錯了事或誤了事，難免要做個解釋，此時簡短的幽默往往可以代替一大段解釋，同時也避免對方一大串的埋怨。學會運用幽默來巧妙化解戀人之間的衝突，是我們必學的一門藝術。

【 幽默你的世界 】

運用幽默來化解戀愛中的衝突，要把握好以下兩點：

第一，要把握好感情的深淺。如果你和對方還處於相互試探、感情脆弱的階段，幽默鬥嘴要以不涉及雙方感情以及個人色彩的一般話題為妙，這樣安全係數最大。反之，如果你們已是情深意篤，鬥嘴時就可以爆笑怒罵，百無禁忌。

比如，你和戀人吵架了，對方氣得拂袖而去。這個時候你不妨抓住他的衣袖，把他帶到附近餐廳裡，然後溫柔地對他說：「親愛的，要走，吃了東西，你才有力氣走；要吵，吃了東西，你才好跟我吵架啊。」如此風趣的言辭，必然會逗得心上人開口一笑。

第二，要留心對方的心境。幽默的鬥嘴通常在心情愉快的情況下能產生良好的效應，所以當你的戀人正在為結婚缺錢而愁眉不展時，你千萬不要來句「你怎麼啦？滿臉苦相，好像誰欠你二百萬似的！」，這樣幽默的味道就會變得苦澀了。

經常撥動幽默這根弦，讓你的戀曲更和諧

幽默，是使人心情愉悅的歡樂空氣，是調節人際摩擦的潤滑劑，是把歡樂充滿人們生活空間的高效酵母。幽默感可以洋溢於日常生活中的每一個空間，而在戀愛這個領域，幽默大師們更是留下了眾多五彩斑斕的幽默題材。戀愛中的男女們只要經常撥動神經中的幽默這根弦，即可與你的戀人奏出一曲和諧的戀曲。

小吳有一次生病做手術，他剛從手術麻醉中醒來，便看見女友坐在他身邊，無比體貼地輕聲安慰自己，於是覺得很溫暖，情不自禁地對女友說：「寶貝，妳真美麗！」然後就又睡著了。而小吳的女友呢，一聽男友如此誇自己，便心花怒放，繼續熬夜待在他身邊。

幾個小時後，小吳的眼睛又睜開了，看到女友還待在自己身邊，就脫口而出：「妳真可愛！」

聽到這次男友說自己「可愛」而不是「美麗」，女友有些失望，她問：「你怎麼不說『美麗』了？」

小吳笑了笑，風趣地答道：「藥效過去了。」

儘管身染重病，但是樂觀的小吳還是沒有忘記跟心愛的女友開個玩笑，在病房裡的一片善意的笑聲中，也不知不覺加深了與女友之間的感情。

　　周軍和陳嵐進入了熱戀階段，一日，他們在公園裡如醉如痴地親熱後，陳嵐一本正經地問：「我問你，別瞞著我，你在和我親熱之前，有誰摸過你的頭，揉過你的髮，捏過你的頰？」

　　面對這個有些令人啼笑皆非的問題，周軍不僅啞然失笑，但是他還是佯裝認真的樣子說：「啊，太多了，昨天，就有一個……」

　　陳嵐愕然，忙追問道：「誰？」

　　周軍不慌不忙地答道：「理髮師啊，妳知道我昨天去理髮了嘛。」

　　一聽此話，陳嵐哈哈大笑，用手捶著周軍的肩膀，嗔怒道：「你真壞！」

　　事實上，戀人之間戲謔式的親暱是常有的事，這種玩笑多是一種無傷大雅的噱頭，只要把握好分寸，往往就能從中充分展現出你的智慧和情趣，從而達到溝通心靈的目的，大大加深雙方之間的感情。

　　有一個女孩在公園裡等待她的心上人，可是左等右等，就是不見男友的影子。就在女孩低頭傷心之際，忽然她的眼睛被一雙手給矇住了。接著，她聽到了男友的聲音：「猜猜我是誰？妳有三次機會，如果三次都猜不出來的話，妳就得接受我的吻。」

　　女孩做思考狀，試探地問：「你是 —— 王力宏？還是古天樂呢？不對不對，你一定是劉德華對不對？」

　　話音未落，她就迎上了男友的擁抱和熱吻，兩人的感情急遽升溫，彼此都沉浸在了甜蜜中。

　　在戀人之間，一句表情嚴肅的「我愛你」固然不可少，但是運用幽默的方式表達出來或許更好。因為喜歡幽默似乎是每個人的天性，如果你的愛能夠時不時地用幽默傳達給對方，對方不僅能感受到你的風趣，還能深

刻地感受到你的一片真情實意。

有個年輕人為了表達對女友的愛意，抄了一首著名的詩贈送給女友：「生命誠可貴，自由價更高；若為愛情故，兩者皆可拋。」

女友說：「你把這首詩抄錯了。」

年輕人坦然一笑：「沒錯，要的就是這個意思。」

女友不解地問：「什麼意思？」

他指著這首詩，微笑著對女友解釋道：「妳若不愛我，我就不要命了 —— 自殺；妳若是愛我，我就不要自由了 —— 隨妳管制。」

這番「曲解」很幽默，表達的愛情也夠強烈，女友聽了，頓時心花怒放。

的確，沐浴在愛河中的人的字典裡，沒有老套的字眼，更不會懼怕幽默的洗禮。所以把幽默加在愛情故事中，是一種劇情需要，這種劇情讓愛情變得更加繽紛絢爛，多姿多彩。

小楠和小倩是一對熱戀中的大學生，他們在同一座城市的不同學校讀書。有一次期末考試，兩人都在緊張地準備。這天，小倩給男友小楠打電話說：「我的《大學英語考試指南》急用，你送過來好嗎？」

狡猾的小楠裝作病懨懨的口氣說：「我也想給你送過去，可是我生病了，還病得不輕啊。」

小倩一聽就緊張起來，忙問：「你怎麼了？要不要緊？」

「唉！我得了一種很嚴重的病，叫相思病。」

聽了這句話，小倩的眼淚剛才還在眼眶裡打轉，這時就不禁樂得噗哧一聲笑了出來，同時心裡很受感動。從此，兩人的感情更好了。

聰明的小楠藉助相思病的詼諧式撒嬌，讓女友深深體會到了他的深

情。由此可見，幽默不僅可以成為戀人之間的情趣，也可以是一種甜蜜的感動。

莎士比亞（William Shakespeare）曾說：「你有舌頭嗎？如果你不能用舌頭來博取女人的歡心，那麼你就不配稱為男人！」從這句話中我們不難體會到，如何恰當地向情侶表達愛，很有可能決定你一生的愛情歸宿，如此嚴肅而又困難的事，有必要為此費一番心思。

【幽默你的世界】

處於熱戀中的情人，千萬別忘了恰當地利用幽默來給愛情加點蜜，創造出輕鬆愉快、富於情趣的愛情生活。

比如，妳和男友一起去參觀現代美術展覽，當走到一幅僅以幾片樹葉遮掩著私處的裸女神像油畫前，男友很長時間沒有挪動步伐。見此狀，妳肯定醋意大發，但又不想當眾大發雷霆。這個時候，妳可以挽起男友的手臂輕聲對他說：「親愛的，你在這站了這麼久，是想等待秋天的樹葉落下來嗎？」

面對分手，一句小幽默往往能夠力挽狂瀾

處在荳蔻年華的年齡，誰不希望擁有一段完美的愛情？然而這個時代卻到處充斥著「速食式」愛情，本來相處甚歡的兩個人，因為一點小爭執、小彆扭，就鬧得不歡而散，把「分手」輕易地說出口。面對這種情形，如果不願分手的是你，該怎麼辦？是生氣地扭頭便走，還是滿懷怒氣與對方大吵一架？其實，這些都不是最好的解決辦法。如果你真的想挽留另一半，不妨用幽默的心態來面對，適當地開個玩笑，或許能夠扭轉局面，重新挽救一份不忍割捨的感情。

崔斌和李雯是某大學的一對戀人，有一次，雙方起爭執，一直僵持不下，李雯一氣之下就打算和男友提出分手。這天下午，李雯把崔斌約在學校餐廳用餐，準備以「最後的晚餐」來結束這段感情。

由於兩人之前一直處在冷戰中，所以飯吃了一半，誰也沒先開口說話。崔斌事先也根本沒料到女友這次是借吃飯之機來提分手。

最後，還是李雯主動開口打破了沉默，她鄭重其事地對男友說：「我們分手吧，我想換一個。」

崔斌一怔，隨即脫口而出：「不可以！」

李雯有些生氣：「為什麼？」

　　崔斌想了一想，然後指著桌上的餐盤一本正經地對女友說：「肯定不行的，就像這餐廳的包子，被妳咬了一口，人家會讓妳換嗎？」

　　聽了崔斌這個風趣的比喻，李雯心裡有些好笑，但她還是忍住笑，嚴肅地說：「可是你沒有我想像的那麼好，不換的話我怎麼辦？」

　　崔斌繼續說道：「就像這餐廳的包子，妳本來想吃肉包，但一不小心拿錯了，咬了一口是菜包，想換別人又不給妳換，怎麼辦？扔了？豈不是太可惜？所以還是湊合著吃吧。」

　　聽完這番幽默無比的話，李雯再也忍不住哈哈大笑起來。而崔斌呢，看到女友的情緒好了很多，馬上趁熱打鐵，給她賠罪道歉，把之前兩人生氣的罪過都攬到自己身上。

　　就這樣，一頓飯還沒吃完，崔斌和李雯就重歸於好，並且感情更親近了。

　　崔斌的這番言辭風趣靈活，富有生活氣息，令人感受到了幽默的魅力，最終逗笑了女友，緩和了原本很嚴肅的分手問題，同時也為自己挽救了愛情。由此可見，戀愛時期，當對方因某種並非重大的原因而向你提出分手時，那多半是在試探你的反應。對此，你不妨看準時機，巧用幽默來化解尷尬，挽回感情。

　　著名諧星葛優，年輕時是有名的「葛老實」，不善言辭，不懂得如何在戀愛中討女孩的歡心，所以眼看快三十而立了，還是單身。對此，葛優的父母和同事們都替他著急。當時葛優有位同事大姐，剛好她女兒讀書的學校有位美術老師叫賀聰，不但長得漂亮，而且出生於書香世家，優雅文靜，同事大姐就決定介紹他們兩人認識。結果，兩人認識之後，彼此都非常滿意。可是後來賀聰的父母卻持反對意見，嫌棄葛優是個跑龍套的，因

此就苦勸女兒分手。無奈之下，賀聰只好約葛優出來，說出了分手之意。

一聽心愛的女友要離自己而去，葛優很是生氣，他嚴厲地問賀聰：「為什麼要分手？是不是因為你父母反對？」賀聰委屈地點點頭。

葛優又問：「那妳說實話，妳到底愛不愛我？」

賀聰毫不猶豫地又點點頭。

葛優提高嗓門說：「妳這傻不傻啊？」

賀聰看著周圍投來的目光，小心地說：「你小聲點，幹嘛跟吵架似的？」

可是葛優不但沒小聲，反而更加大聲地說：「我不管！妳難道要像封建社會那樣，婚姻由父母做主嗎？對，尊重父母的意見沒錯，但也要有自己的主見啊。是妳了解我，還是妳父母了解我？如果妳覺得我是跑龍套的沒出息要離開我，那行，可是如果妳是因為我是演員離開我，那可不行。」

葛優不顧周圍人的眼光，一口氣說了很多有趣的話，讓賀聰很受感動。看到女友情緒有了好轉，葛優忙問：「那妳同意啦？」賀聰點點頭。葛優高興得一把將賀聰摟過來，緊緊抱著不放手。

結果，有情人終成眷屬，葛優與賀聰最終走入了婚姻的殿堂。

葛優不顧一切的愛情表白，其實就是對彼此戀情的最好肯定，同時他在言辭中所加入的適當張揚，不失為一種有效的幽默手段，有效的挽救自己的戀情。

當然，在對待分手這件事上，不少女孩都能挖空心思想出一些看似「合情合理」的理由，比如「我最近工作很忙，我們的事還是先放慢腳步」、「我們距離太遠，不合適」等等。而作為男孩，當你遇到類似的分手

理由時，千萬不要一味地沉默悲傷，反而應巧借女友的話題，引出幽默，往往可以博得對方一笑，且極有可能使她回心轉意。

小王前陣子和女友吵架，女友一直「懷恨在心」，因而準備和他談談分手的事。

這天，女友把小王約了出來，認真地對他說：「這段時間我們公司的業務增加了不少，我整天忙得焦頭爛額，所以……所以我覺得我們倆還是先分開一段時間再說。」

見女友提出要分手，小王自然一百個不樂意，他笑著對女友說：「工作忙很正常，不要說妳忙，歐巴馬比妳忙吧，但是人家孩子都好幾個了……以後我每天下班後去找妳，每天幫妳做飯、洗衣服……這樣好嗎？」

話音剛落，女友就被逗得噗哧一聲笑了起來，她知道小王此時已經了解自己之前的錯誤，於是很快就原諒了他，兩人最終又和諧美好地走到了一起。

還有一個女孩，因為和男友相隔兩地，覺得不太合適，所以就打電話對男友說：「我覺得我們隔得太遠了，恐怕我以後再也照顧不到你了……」

沒等女孩說完，聰明的男孩馬上就聽出了她話裡有話，趕緊說：「親愛的，別這麼說，我一不是病人，二不是小孩，這麼大個人了怎麼就不能照顧自己？你想想，我們沒談戀愛之前，我也沒請過保母啊！所以我只要妳一顆堅定的心，不需要妳為我做多少事，懂嗎？」

男孩這番深情又有趣的話語馬上溫暖了電話那頭的女孩，她徹底被男孩的真心實意所感動，從此再也沒有主動提過分手的事。

　　這兩則故事都充分說明，戀愛期間，並非一切都如我們預想的那樣一帆風順，尤其是當關係發展到了無話不說的程度時，很多問題也會被引發出來。當其中的某一方因為賭氣或者某種原因而無奈地說出「分手」時，如果你的心還在他（她）身上，請千萬不要魯莽地轉身而去。學會運用幽默來哄哄對方，也許你不必與一段唯美的愛情擦肩而過。

　　當然，如果是因為你對另一半犯下了不可饒恕的錯誤，而導致對方執意要分手時，運用這種幽默法則來挽救恐怕也很難奏效。對此，你不妨坦然面對失戀，從而顯示出自己的大度。這同樣也會在戀人的心中留下永久的美好回憶。

【幽默你的世界】

　　究竟怎樣才能拿起幽默的武器來扭轉局面，令打算與你分手的戀人回心轉意？這其中的關鍵就是轉移話題，迅速打消對方分手的念頭。

　　比如，你和女友吵架了，女友賭氣說道：「我要跟你分手！就算將來嫁給魔鬼也比嫁給你好！」這個時候，你不妨笑著風趣地說：「不行啊，近親是不能結婚的。」如此幽默和別出心裁的回答往往能夠博得對方一笑，迅速緩和氣氛。

對心上人道歉，只說句「對不起」還遠遠不夠

俗語說「不吵不鬧，不成夫妻」，尚未步入婚姻殿堂的戀人們亦然，交往久了自然難免有爭吵的時候。對此，你該怎麼做？有些朋友說，這還不簡單？直接說句「對不起」不就得了？可是對心上人道歉，往往不像對普通朋友或同事道歉那麼簡單，尤其當只是一味地反覆說「對不起」、「我錯了」、「原諒我吧」等等，對方肯定不滿意，甚至還會火上澆油，令衝突進一步惡化。

其實，女性大都是喜歡被人哄的。有時情侶之間為了小事爭吵，但在女性眼裡卻似乎是個大問題。實際上，理由很簡單：大部分女孩子只想單純地被男友疼愛和在乎，讓對方多哄哄自己。男孩子要理解女生的這種微妙心理，即便自己有理，也要學會笑臉道歉，把過錯全部攬到自己身上。假如在此過程中，你能夠用幽默的語言來渲染道歉，效果往往就會更好。

小高是某公司祕書，有一次他惹女友芳芳生氣了，對方一連幾天都不搭理他。為此，小高很苦惱，經過一番思慮後，他決定用自己還不錯的文筆來給心愛的女友寫封道歉信——

親愛的芳芳：

您還在生我的氣嗎？遵照您的旨意，今天晚上我在書房裡反省了一個

小時四十二分零六秒，喝了一杯白開水，去了一趟洗手間，沒有抽菸，以上事實準確無誤，請審查。

下面是我的檢討報告，不當之處可以協商。

經過半年多的戀愛生活，我認為芳芳溫柔賢良、勤奮聰穎，是不可多得的好女友，而身為男友的我卻舉止乖張，態度輕狂，所作所為確有值得商榷之處。

以下是我對自己惡劣行徑的剖析，請主管批閱：

首先，前天的事情是我不對。因為妳說妳喜歡劉德華的時候，我不該信口雌黃說我喜歡梁詠琪，害得妳兩天不理我，極其痛苦。

其次，上週六好友的婚禮，我說我開會，不知道能不能去，妳就準備了兩個紅包，一個二百的，一個四百的，結果我沒去，妳不小心送出去了厚的。親愛的，我不該嘲笑妳，你已經做得夠好了，換作我，可能將那兩個紅包都一起送出去了。

再其次，那次妳剪短了頭髮，問我好不好看，我說好看，妳很高興；進一步求證，我說還行；最後妳追問到底好不好，我回答，不如以前好，這使妳非常難過。這是我的錯，對此我將銘記在心，以後再有此類的回答，均以第一次為準。

最後，上次我邀妳去我家小坐，當你指責我把襪子到處亂放的時候，我不該反誣妳到處放書，畢竟，襪子是臭的，書是香的。

我知道，妳一直是個善解人意的女孩，希望妳能原諒我，給我改過自新的機會。當然，為了以後我們倆的愛情更加安定，相處更加和諧，順便提幾個小小的建議——

第一，以後不要再指著電視裡的帥哥說他像你從前的男友，實際上，

妳第一次近距離接近男士是在大二的舞會上，慌慌張張地狂踩別人的腳，很不幸，那個人就是我。

第二，以後在逛商店的時候，不要總是突發奇想，比如要買一個機器回去做蒜泥，妳不覺得我這個機器比較經濟嗎？

第三，不要給我再出一些刁鑽古怪的問題，還硬說那是腦筋急轉彎，結果弄得我邏輯混亂。

……

以上種種，請芳芳大人明鑑。

最後，真誠地再說一句，親愛的，原諒我好嗎？

收到小高的這封風趣的道歉信後，芳芳邊讀邊哈哈大笑，幾乎都要笑疼了肚子。結果，第二天，當小高再次找到芳芳時，芳芳就主動原諒了他，並且拿著這封道歉信在他臉上留下了深情的一吻。

大家看，小高的這封道歉信寫得是多麼的幽默有趣！在心愛的女友面前，他懂得主動放低身段，並運用調侃的口吻列舉出了自己的種種「罪過」，最後還真誠地提出建議。如此費盡心機之舉，難怪女友在大笑之餘，深刻體會到了他對自己的一番深厚情誼。由此我們也不難悟出：在戀愛的甜蜜中，遇上點小衝突，沒有誰對誰錯，只有誰能否恰當地認輸。若你不懂得以幽默之術來向另一半道歉，往往會讓僵持持續存在，甚至危及戀情。

當然，運用幽默來道歉也是需要注意技巧的，並不是所有的幽默都屢試不爽。你看下面這位男士，他的道歉就太不合適了——

一對熱戀中的男女，相約隔天一同去弔祭一位長輩，誰知當天兩人鬧情緒，結果在出殯那天，只有這個男的去了殯儀館，而女的賭氣沒去。對

此，這位男士越想越不對勁，於是就給女友寫了封道歉信，希望對方能原諒自己。豈料，女友看了這封信後，火氣更大了。原來，這位男士一不小心在道歉信中這樣寫道——

親愛的，昨天去殯儀館原本是想看妳，沒想到看不到妳，所以心裡非常難過……

這位男士的道歉沒有分清場合，結果就使自己原本的一番好心好意被誤解，令雙方的衝突惡化。所以說，道歉是一門藝術，不能直來直往，要把時間、地點、火候等因素都掌握好，才能事半功倍；否則，不分場合和環境的胡亂道歉，不但無法幽默化解，反而會適得其反。

【幽默你的世界】

戀人之間的道歉是門學問，具體運用時不妨遵循以下兩大法則：

1·欲擒故縱。發生大的衝突時，最好不要馬上道歉，因為即便道歉，對方的怒氣一時也很難消下去。對此，你不如等幾天，等對方的怒氣消得差不多了再幽默道歉，這樣才能博得對方一笑。

2·暗渡陳倉。即運用暗示的方法來道歉，注意道歉形式的多樣，不要單調。比如，你和心上人吵架，對方一直不願理你，你不妨給她發個幽默簡訊：親愛的，看見妳發脾氣時噘起的小嘴，我曾試著撞豆腐而死，用鼻涕吊死，但都沒有成功。現在就等著你來處理我。

第十章

婚姻的幽默

為什麼女人都喜歡嫁給「怕老婆」的男人

　　怕老婆並非一件壞事，一方面它使女性地位得到了肯定；另一方面，適度地、有節制地「懼內」，則更顯出丈夫的一片愛意。所以說，作為老公，幽默地怕老婆，不僅不會損及自己的形象，反而能顯示出身為男人的包容和智慧，以此來調劑婚姻，肯定別有一番風味。

　　明代將領戚繼光就是出了名的怕老婆。有一天，他的部下跟他開玩笑說：「大將軍，在沙場殺敵之時，您可是威風凜凜，震破敵膽，怎麼會被一個婦人嚇倒呢？今日我們決定為您助威，您手執寶劍去嚇唬嚇唬夫人，這樣以後您在家裡的日子肯定會好過些……」

　　聽部下公然說自己怕老婆，戚繼光頓時臉上無光，覺得不能在這麼多兄弟面前丟臉，於是欣然同意，持劍直奔自己家後院而去。經過第一道門時，他喊聲如雷；進第二道門時，聲音已經減小。最後，當戚繼光衝進夫人的房間時，聲音已經細得像蚊子哼哼一樣。而戚夫人呢，看見丈夫手持寶劍衝進來，不由得生氣，吼道：「喊什麼喊！很吵！」戚將軍立即賠著笑臉回答道：「夫人息怒，我之所以高喊，是打算給你殺隻雞吃！」

　　聽完這句話，夫人臉上露出了笑容，對他說：「以後殺雞不准大聲嚷嚷！」

戚繼光膽識過人，文韜武略、罕逢對手，但是夫人的一句怒吼卻能讓他如此戰戰兢兢，由此可見，戚繼光果真是個怕老婆的男人。然而品味歷史，我們千萬不要把戚繼光的「懼內」簡單地歸結為膽小。事實上，這正展現了一個丈夫對妻子深沉的愛，一種對家庭濃濃的依戀之情。

還有一個古代笑話，同樣也說明了這一點——

有個縣令，怕老婆出了名，在家經常遭到老婆的痛罵，有時還免不了挨幾下打。

一天，縣官的臉被老婆抓破了。當他到衙門報到時，正好被他的頂頭上司趙大人看見了，趙大人便問道：「你的臉被誰抓破了？」

縣令不好意思說實話，只好對趙大人說：「不是誰抓的，晚上乘涼的時候，不巧葡萄架倒了，正好砸在我頭上，葡萄藤刮破了臉。」

趙大人知道縣令一向怕老婆，所以心知肚明，大笑著說：「你別瞞我了，一定是被你家那個母老虎抓破的，對不對？有這樣的老婆太可惡了，不如我下令抓她來問罪！」

一聽這話，縣令慌了。雖然平日裡兩夫妻動口動手，其實他與老婆的感情很好，現在一聽上司說要抓自己的老婆，他怎麼願意？就在縣令驚慌失措之際，不巧，趙大人的這番話被路過的夫人聽到了，夫人一臉怒氣地衝了出來。見此情形，趙大人反應靈敏，還沒等夫人發話，就趕緊對縣令說：「算了，算了，你這事先緩緩，你也暫且退下，我後衙的葡萄架也倒了！」

和自己的下屬一樣，這位趙大人同樣也是一個怕老婆的男人，眼看老婆衝出來要找自己「算帳」，他巧妙地以「我後衙的葡萄架也倒了」作為藉口，讓那位縣令馬上退下，唯恐被別人看見尷尬的一幕。由此可見，

「怕老婆」的現象自古以來就存在。然而我們能說這不是件好事嗎？就像故事中的縣令，雖然在家經常遭受老婆的打罵，但是當聽到上司要派人抓她問罪的時候，他反而慌了，因為兩夫妻打打罵罵，表面上看似水火不容，其實感情卻很好。

所以從這一點來看，「怕老婆」有時候並不丟臉，婚姻幸福與否，自己最了解，不管表現形式如何，也無論別人如何看待，只要彼此覺得幸福，就足夠了。

和上面這兩則古代丈夫怕老婆的笑話相比，現代男人怕老婆的幽默則更含蓄、委婉和體面得多。

小彭在親朋好友之間堪稱「模範丈夫」，因為他怕老婆。一天，幾個好友準備去小彭家打麻將，可是剛一進門，就聽見小彭的老婆正在對他機關槍似地數落不停。對此，小彭對朋友們笑著解釋道：「大家別介意啊，我老婆就這樣，整天嘮叨個不停，聽習慣了，就像聽音樂一樣。」經他這麼一幽默，朋友們和他的妻子都被逗得咧嘴大笑。

還有一次，小彭和老婆閒聊，老婆突然看著小彭的腦袋，疑惑地問：「聽說男人禿頭是因為用腦過度造成的，到底是不是這樣呢？」小彭詼諧地回答說：「妳說得沒錯！然而妳知道女人為什麼不長鬍子嗎？」老婆好奇地搖搖頭。小彭故作正經地說：「那是因為她的一張嘴喋喋不休，下顎運動過度造成的！」

聽了丈夫這句「指桑罵槐」的幽默話，老婆心領神會，當即大笑著用拳頭捶小彭的肩膀。

從小彭與妻子的逗笑中，我們不難看到，這對夫妻表面上充滿火藥味，其實彼此還是非常恩愛的。小彭雖然有怕老婆之名，但是他能處處體

恤妻子，包容妻子，而這種氣度也正顯示出了其大丈夫的本色。試想，如果小彭不是如此幽默地「懼內」，而是對妻子大吵大鬧，那麼他們的感情還會這麼好嗎？肯定不會，說不定還會鬧到離婚的地步。

總之，天下沒有怕老婆的男人，只有不會哄老婆的男人。適度而有節制地怕老婆，面對老婆的「刁難」幽默地調侃一番，往往能夠春風化雨，調劑婚姻，讓原本單調的生活別有一番風味。

【幽默你的世界】

面對日常生活中「頤指氣使」的老婆，我們不妨學習《喜羊羊與灰太狼》中灰太狼的做法，運用幽默來化解衝突，調節家庭氣氛，帶給伴侶和其他家人更多歡聲笑語，增進彼此之間的感情。

比如，你的伴侶經常埋怨說：「你看人家老趙，多有志氣！因為當年失戀，就發憤圖強，現在混得多風光呀！」你不妨回答說：「尊敬的夫人，當年如果你討厭我，我也會像老趙一樣出人頭地的！」

你的妻子總喜歡半夜從被窩裡爬出來看韓劇，對此，你勸她：「明天看重播不是一樣嗎？幹嘛熬夜地看？」妻子可能會說：「新婚和再婚一樣嗎？」這樣的話很難讓人反駁，先別急，等半夜的時候，你不妨對妻子大聲嚷嚷：「快起來！看你的新郎官！」

反戈一擊，用幽默來發洩對伴侶的不滿

夫妻之間，難免有產生隔閡或衝突的時候，特別是來自另一半帶有譏諷意味的責備，往往讓我們揪心不已，火冒三丈，此時，激烈的爭吵也未必能解決問題。而如果運用幽默趣談，往往能讓看似難以化解的衝突在笑聲中化為過眼雲煙，從而營造良好的家庭氛圍。

一對結婚已經五年的夫妻，有一次在爭吵中，女的痛哭流涕，覺得很委屈，於是就對丈夫大聲抱怨道：「我真是瞎了眼！當初跟你這樣的人結婚！在我心目中，我的老公不是你這個樣子的，而是有教養，懂禮貌，能說會道，愛說笑，喜歡運動，還能歌善舞，趣味廣泛，消息靈通……」

「除了這些，還有什麼？」丈夫不動聲色地問道。

「當然還有，最最重要的，就是希望他能天天陪我在家裡，我想和他說話，他就開口；我感到厭煩了，他就別出聲。哪像你，三天兩頭出差，平時一下班就倒在沙發上看報紙！」

聽到這裡，丈夫懷著不滿的口吻幽默地反擊道：「哦，我懂了，你其實需要的不是老公，而是一臺電視機。」

一聽此話，妻子被逗得噗哧一聲笑了出來，心中怒火頓時消了大半。

面對妻子的攻擊，這位丈夫並沒有暴跳如雷，而是冷靜又幽默地回

敬，巧妙地用電視機的特點——能天天陪人在家，想讓它「開口」它就「開口」，感到厭煩了就可以讓它「不出聲」，來形容妻子所描述心目中的「好丈夫」形象，從而輕鬆化解衝突，同時也和風細雨地發洩出自己的不滿，可謂一舉兩得。

彼得擔任匹茲堡市市長時，有一次，他與妻子蘭茜去視察一處建築工地。這時，迎面走來一位建築工人，並向他妻子說：「蘭茜，你還認識我嗎？高中時，我們常常約會呢！」巧遇多年前的舊友，蘭茜很激動，馬上就與對方熱烈地攀談起來。

見此情形，一旁的彼得很嫉妒。等那位建築工人走後，他嘲弄妻子道：「如果當年你嫁給了他，現在就是個建築工人的妻子。」

聰明的蘭茜聽出了丈夫話語中的嘲諷，知道他愛吃醋的毛病又犯了，於是不滿地反唇相譏道：「沒錯，所以你應該慶幸娶了我，要不然，匹茲堡市的市長就不是你了。」

說罷，兩人相視一笑，誤會馬上就消除了。

像這樣的幽默鬥嘴和相互「嘲諷」，在彼得市長家裡已是家常便飯，也因此為市長的家庭增添了樂趣，也增進夫妻間的感情。

其實，在現實生活中，很少有恩愛的夫妻在生活中一直是相敬如賓的；相反地，大多數的夫妻正是在如此有趣的跌跌撞撞中相互扶持，白頭偕老。

郭明和曹霞已經結婚十幾年了，由於雙方父母年邁多病，他們每個月都要寄生活費給各自的父母，而這件事一直由妻子曹霞全權負責。然而偏心的曹霞偷偷瞞著丈夫，每個月寄兩千元給自己的父母，卻只寄一千元給公婆。不久後，郭明發現了，頓時深感氣憤，但是他並不想因為這件事而

惹惱了妻子。

郭明平常有個習慣，每天下班回到家後，首先抱抱小兒子，親撫半天。但是這天回家後，他卻一反常態地走到五歲的女兒身旁，伸手抱起女兒。而旁邊坐在搖籃裡的一歲的小兒子，看到爸爸沒有疼愛自己，就哇哇大哭起來。郭明此時卻假裝什麼也沒看見，什麼也沒聽到。

正在廚房做飯的曹霞聽到兒子的哭聲急忙跑出來，對丈夫喊道：「兒子都哭成那樣了，你怎麼還不趕緊去哄哄他？」

豈料，郭明不疾不徐地回答道：「這一千塊錢的，還是你來抱吧！我要抱兩千塊錢的。」

聽了丈夫這句話，曹霞心有所悟，臉瞬間羞紅了。從此以後，她每月也寄兩千元給丈夫的父母了。

大家看，郭明對妻子的不滿表達是何等的風趣和巧妙！他並沒有直接指出不滿，而是處心積慮地將妻子請進了自己事先設定的「圈套」──你作為女兒，可以每月郵寄兩千元給爸媽，可是我作為兒子，卻只能寄一千元給我的父母，由此可見還是養女兒好！所以我就只抱「兩千塊錢」的女兒，你去抱「一千塊錢」的兒子。如此易位思考，弦外之意地暗示出了問題的本質和自己的不滿情緒，進而達到了規勸妻子的目的。

像這種幽默的「聲東擊西」的說話藝術，在很多夫妻之間都曾發生過。再比如下面這位丈夫──

有一對夫妻，妻子非常喜歡唱歌，可惜唱得並不好，有時候搞得丈夫無法休息，每次好心好意地勸說，倔強的妻子總是理直氣壯地堵住他的話。

有一次，已經三更半夜，妻子還在自得其樂地唱著難聽的歌，丈夫只

好急急忙忙地跑到大門口站著。

妻子見狀，不解地問他：「為什麼你總是在我唱歌時跑去站在門口？」

丈夫佯裝嚴肅狀，一本正經地對妻子說：「我這樣做是為了讓鄰居看到，我並沒有打你。」

這位丈夫使用了聲東擊西的批評方式，妻子乍聽之下毫不介意，但是仔細品味，最後才明白原來老公是在說自己的唱功不好，不僅影響他休息，而且也嚴重影響了周圍的鄰居。這樣一來，既避免了夫妻間由於直接指責而造成的衝突，同時又博得對方一笑，使對方更加深刻地理解自己的錯誤。

總之，運用幽默來經營婚姻，好處多多，不僅能夠將個人的看法和不滿有效而確切地表達出來，並且在暗示責備的同時，也能增進家人的感情。所以，當你與愛人在生活中發生爭執時，不妨多運用類似的幽默言語表達自己的觀點。

【幽默你的世界】

家庭生活是很需要幽默的，若能以幽默來代替反戈一擊的不滿發洩，那麼即便看似嘲諷，往往也不會傷害對方。

假如妳是一位妻子，對釣魚、打獵和跳舞都沒有興趣，偏偏丈夫都喜歡，而且還要求妳一同前往。對此，不妨以哀求的口吻對他說：「親愛的，你得學會獨立生活，為什麼你就不能像別的丈夫那樣，哪兒也不帶我去？」如此幽默的說辭就很委婉地暗示丈夫：夫妻間需要保持適當距離，興趣的共享與形影不離是有所區別的。

紙上的幽默，讓你的婚姻處於最佳狀態

很多人都說「婚姻是愛情的墳墓」。的確，婚姻生活讓太多的人經歷了從愛情到圍城的感受，戀愛時的溫馨浪漫，被柴米油鹽家常瑣事所取代，似乎正一點一滴地枯萎、消失。很多丈夫抱怨妻子不體諒自己在外打拚的辛苦，只知道如何打扮自己；而妻子則埋怨丈夫不理家務，變得感情遲鈍。於是，在這種「相看早已厭」的對立情緒中，一次又一次的爭吵不免接踵而至。

實際上，愛情、家庭需要兩個人共同努力維護。如果你是一個聰明人，在夫妻爭吵中，應懂得以幽默來替代粗魯無禮的語言，解決日常生活中的分歧，進而呵護婚姻中的愛情，讓婚姻處於最佳狀態。而想要做到這一點，不光要靠靈巧的嘴巴去說，紙上的小幽默，往往更能出其不意，巧妙地化解衝突。

古時候有個書生的老婆，學問不高，可是非常霸道，對丈夫輕則惡語相加，重則以木槌擊打，還別出心裁地用長繩子繫著丈夫的腳，用手牽著，以便於隨時召喚。最終，書生不堪忍受，一天晚上，待妻子睡熟後，他便躡手躡腳地下了床，解開腳上的繩子，繫在預先牽來的一隻羊身上，然後翻牆逃走了。

次日一早，那位悍婦一覺醒來，發現丈夫不見了，就用力拉繩，結果竟然拉來一隻羊，非常害怕，再定神一看，羊的左腳上繫著一張紙條，上面寫道：「妳平日積惡甚多，祖先們顯靈降罪，罰妳的丈夫變成羊。唯有從此努力悔改，丈夫才能變回人形。」

悍婦看了，抱羊大哭，後悔莫及，當即發誓以後永遠不再虐待丈夫，之後又齋戒七日。到了第八天晚上，待婦人睡著，藏在暗處的書生悄悄地把羊給放走，自己躺在了床上。

隔天，婦人醒來看到丈夫，一時驚喜不已，再三詢問：「你變成羊這麼多天，一定很辛苦吧？」

書生忍住笑，故意裝作愁苦的樣子，十分委屈地對老婆說：「是啊，直到如今想起我做羊時吃的雜草，肚子還隱隱作痛呢。」

婦人聽了，更加覺得傷心和後悔，從此以後對丈夫百般關懷。

面對霸道不講道理的老婆，這位書生沒有採取以牙還牙的激烈行為，而是巧妙借用一隻羊和一張紙條，輕而易舉地讓老婆「改邪歸正」。這也就應了那句古話：「天上下雨地下流，小倆口吵架不記仇。」夫妻之間經常爆發的那些「戰爭」，其實不過是雷聲大雨點小，只要運用恰當的幽默便能巧妙地化解。

林飛和高萍是一對夫妻，他們在大學時期就談起了戀愛，由於林飛比高萍大了好幾歲，結婚後，林飛處處都讓著妻子，對她百般呵護。婚後，高萍還是和談戀愛時一般霸道蠻橫不講理，對此，林飛是睜隻眼閉隻眼。

有一次，兩人說好一起去參加朋友的婚宴。誰知走到半路，高萍又開始不講理地喝斥老公。看著街上那麼多人在看自己的笑話，林飛怒火中燒，賭氣扭頭回家，把妻子丟在路上。高萍氣得眼淚都流了出來，但是她

也不認輸，於是就獨自去參加婚宴。

晚上十點多，高萍回到家，從樓下看到家裡的燈都關了，以為老公睡著了，於是就沒有按門鈴，掏出鑰匙準備開門時，卻發現門上貼著張紙條，上面寫道：妳必須向我道歉！高萍感到很可笑，心想，向你道歉？我還沒找你算帳呢！可是當她進屋開燈關門的時候，又發現門後也貼著一張紙條，上寫：或者把我的皮鞋擦亮也行。高萍心裡罵道：呸！做夢去吧，我給你擦個屁！

接下來，高萍開始換拖鞋，可是她發現自己的拖鞋上也黏著一張紙條：呸，擦個屁！見此情形，高萍感到很好笑，心想，要我道歉，絕對不可能！我一星期都不會理你的，看你怎麼辦！

換罷拖鞋，高萍去洗手間盥洗，卻發現自己的漱口杯上又有一張紙條：如果妳不知道該怎樣向我道歉的話，書桌上有提示。高萍急忙跑到書桌旁，只見桌上放著半頁紙，正面寫道：把背面的話對我大聲念兩遍就行了。

翻到背面，高萍驚訝地發現，上面竟然貼著一張從報紙上撕下來的廣告，廣告詞是這樣寫的：做女人，每個月都有幾天心煩的日子……看完這幾句廣告詞，高萍又想笑了：幹嘛不直接說我更年期到了，那樣豈不是更好下臺階？真是可笑！至此，高萍的氣已經消了大半。

洗完臉刷過牙後，高萍上床準備睡覺，卻發現老公扭頭在一邊睡著了，於是就沒有搭理他，拿過床頭那本前幾天正在看的小說準備看幾頁。可是剛一開啟書，從裡面掉出一張紙條，上面寫道：「我知道妳心裡已經很難過了，妳覺得對不起我。算了，有點難過就行了，也不必自責。其實我也有錯，要不是妳當著那麼多路人的面讓我丟面子，我是不會跟妳作對

的。男人嘛，除了在外人面前要點面子外，誰會沒事跟自己的老婆過不去呀！」

看到這裡，高萍覺得心裡一陣發熱，此時她也覺得自己白天確實有點過分，於是就伸出雙手溫柔地抱著老公的頭，扳過臉來，卻又發現老公臉頰上還寫著兩個大字：親我。

故事講到這裡，想必人家都能猜到接下來的事情，自然是誤會解除，皆大歡喜。其實透過這個很有趣的故事，我們不難體會到，夫妻之間發生口角時，有時候只用嘴巴去辯解還遠遠不夠，甚至反而越描越黑，加深衝突。此時不妨轉變思路，學習故事中的林飛，把幽默之詞傾吐在紙條上，正所謂「無聲勝有聲」，和風細雨，娓娓道來，輕易地在調侃中化解衝突。

【幽默你的世界】

運用紙上調侃的方式來化解夫妻間的矛盾時，除了以上案例，還有一種方式比較有趣，即「返還式」幽默。

比如，你和老婆某天晚上生氣，誰也不主動和對方說話。臨睡前，老婆寫了張紙條塞給你，上寫：別忘了明早六點半叫我起床。等到第二天一早，你不妨「以牙還牙」，也寫張紙條：六點半了，趕快起床！然後貼在床頭，悄然上班去。等老婆醒來發現這一切後，肯定會樂不可支，恨意頓消。

繁瑣家務事中，一句幽默能讓感情昇華

　　走入婚姻的夫妻都有這樣的體會，成立家庭後，戀愛時的花前月下似乎都被瑣碎而具體的家務給沖淡了。時間一長，雙方就很有可能因家務分擔產生爭執。此時若不懂得運用幽默來協調、潤滑，很可能使小吵變成大吵，甚至發展到不可收拾的地步。

　　有位丈夫很不懂得體貼妻子，不願分擔家務，尤其總是找藉口不願親手洗衣服。一天早上，妻子溫柔地對丈夫說：「親愛的，你看你昨天晚上又換了一身髒衣服，你能去洗一下嗎？」懶惰的丈夫躺在床上伸了個懶腰，含糊不清地說：「不行，我還沒睡醒呢！」妻子笑了，說：「我早知道你會這樣，所以剛才只不過是考驗你一下，其實衣服我都已經洗好了。」

　　一聽此話，丈夫也幽默回應：「我也只是跟你開玩笑，其實我是很願意幫你洗衣服的。」這個時候妻子就忽然止住笑，一本正經地對丈夫說：「你能這樣想真是太好了，其實跟你說實話吧，剛才我說衣服已經洗完了，是句玩笑話。既然你願意，那就請你快去洗吧！」

　　此時此刻，丈夫無言以對，同時又不得不佩服和欣賞妻子的幽默與風趣，馬上高興地起床去洗衣服了。

　　這位妻子的機智幽默可謂高超，她成功地給丈夫上演了一齣請君入甕的

現代戲劇，令丈夫不得不去做他不喜歡的家務，同時內心也充滿歡樂。由此可見，在繁瑣家務中加入點幽默的調味料，往往能換來夫妻之間的和睦相處。

小呂是某公司的部門經理，平時在家懶得幫妻子煮飯，還擺出一副嚴肅的面孔來為自己不煮飯找藉口。一天，小呂下班後回到家，發現妻子還沒回來，就開啟電視，舒服地躺在沙發上等著妻子回來做飯。不一會兒，妻子回來了，看到小呂一副坐享其成的樣子，不免一肚子火，於是就賭氣也坐下來看電視。

過了一會兒，小呂的肚子餓得咕嚕直響，就催促妻子道：「妳快去煮飯吧，我餓得受不了啦！」

妻子說：「那你一起來幫忙。」

小呂沉下臉來，故意裝作威脅的樣子說：「妳再不去做，我可要上餐廳去吃了！」

妻子笑道：「好吧，請你等十分鐘。」

看到自己又一次在煮飯上取得了勝利，小呂洋洋得意，趁機奉承妻子說：「妳真是越來越能幹了，十分鐘就能煮好飯嗎？」

妻子佯裝一愣，反問丈夫道：「你不是說等等出去吃嗎？我十分鐘就能打扮好陪你一起去啊。」

小呂聽了哭笑不得，最後只好無可奈何地幫著妻子開始煮飯。

聰明的妻子巧妙歪解丈夫的話意，用自己的智慧使其心服口服地幫自己準備晚餐，這種出其不意的幽默值得我們學習。實際上，在家庭生活中，最讓妻子心煩的是當自己忙於無休止的家務，而一旁的丈夫卻冷眼旁觀，什麼忙也不幫，甚至還指手畫腳，雞蛋裡面挑骨頭。對此，妻子要見機行事，輕鬆幽默地提醒對方不能坐享其成。

一個週末，小李和妻子都在家，但是兩人的情形卻截然相反。這邊，妻子洗完了一大堆衣服後，又忙著鑽進廚房準備煮飯；而那邊的小李呢，卻坐在沙發上，蹺起二郎腿悠閒地翻看著雜誌。見此情形，妻子心裡很委屈，但是又不想為這點小事和丈夫大吵大鬧，於是她不動聲色地把炒好的豬肝和豬心端上飯桌，然後招呼丈夫吃飯。小李慢吞吞地坐到飯桌旁，用筷子夾了一塊豬肝和豬心放進嘴裡，邊嚼邊問妻子：「人家都說吃什麼補什麼，吃豬腦補腦，吃豬腳補腳……那這豬肝、豬心補什麼呢？」

一旁的妻子擦了一把汗，沒好氣地回答說：「專補那些沒有心肝的人的心肝！」

聽了妻子這句話，小李心有所悟，看看面前累得疲憊不堪的妻子，他不禁有些自責，於是趕緊笑著牽妻子的手。

小李的妻子面對懶惰的丈夫，不僅能抑制自己的怨氣，而且還於不經意間，用「豬肝豬心」巧妙幽默地諷刺了一下對方，提醒他不該飯來張口，坐享其成。這種輕鬆的批評最終使小李虛心接受，了解自己的錯誤，這種調侃的智慧可謂信手拈來，水到渠成。

事實上，在現實生活中，並非所有的丈夫都像上面這幾則故事，在家懶散成性，也有不少「模範丈夫」，他們在家洗衣、拖地、煮飯等等，反而是妻子「身在福中不知福」，對體貼的老公指手畫腳，吹毛求疵。

孫浩是個典型的好丈夫，他幾乎每天下班回到家都要幫妻子周敏做家務，什麼買菜、洗衣、拖地、疊被……只要看見妻子還沒來得及做的家務，孫浩幾乎都積極地伸手援助。面對做家務如此積極的老公，周敏剛開始還心懷感動，但是時間一長，她就「見怪不怪」了，甚至還學會了挑剔。

　　一個週末，孫浩在家，而妻子則加班。中午，孫浩忙了一個多小時，做了一頓很豐盛的飯菜，然後和兒子等著周敏下班回家一起吃。沒想到，周敏下班後一踏進廚房，就不滿地對丈夫唸道：「你看你，跟你說了多少遍了，做完飯，隨手把流理臺上的油汙擦乾淨！還有地板，上面的菜葉要掃一掃，不然踩來踩去，像豬窩一樣，讓人沒胃口！」

　　孫浩有些委屈地解釋道：「我不是正在打掃嗎？剛好你回來了，還來不及收拾乾淨呢！」

　　「你打掃個鬼！看看，這裡是菜葉，那兒是絲瓜，牆角是蒜粒……」妻子不依不饒，說了一大堆。

　　看到自己如此賣力不討好，孫浩頓時一肚子火，但是他是個好脾氣，而且在孩子面前也不想與老婆大吵，因此馬上改變了說話的方式與語氣：「老婆大人，妳是老闆，我和兒子都是妳的下屬，妳每次回家檢查工作，我總得留點錯誤讓妳糾正啊，這樣才能顯示出妳的領導能力嘛！要是我把工作做得滴水不漏，妳什麼毛病也找不出來，豈不是說明妳這個主管沒能力？」

　　這個馬屁拍得很不錯，周敏的臉色馬上由陰轉晴，笑呵呵地自己拿起掃把，和老公一起打掃廚房。

　　你看，像孫浩這樣的好男人，作為妻子，還經常挑刺，如果換成了別的家庭，可能很多做丈夫的都不會容忍，輕則大吵一頓，重則甚至有可能鬧翻臉。但是孫浩卻沒有把心裡的委屈和不滿直接寫在臉上，而是巧妙轉換思考方式，透過幽默地拍馬屁贏得了妻子的理解，最終使家庭氣氛歸於融洽。

　　在家庭生活中，夫妻雙方在處理繁瑣家務的時候，應該同心協力，相互幫助，絕不能自己站在一旁冷眼觀看，甚至指手畫腳、吹毛求疵。而一

旦夫妻間因為家務瑣事而引發爭吵，我們不妨試著用幽默來化解，既避免傷人，同時也能維持家庭的良好氣氛，一舉兩得。

【幽默你的世界】

　　面對夫妻間因為繁瑣家務而引發的不滿和衝突，究竟該如何正確處理？很顯然，嚴厲地指責一方的懶惰與疏忽，勢必會引起口角，甚至導致雙方大動干戈。所以我們不妨運用幽默來巧妙處理，讓對方更容易接受。

　　比如，你的妻子很懶，已經兩個禮拜沒有打掃房間了，對此，你不妨這樣對她說：「親愛的，上週妳工作很忙，沒時間做家務，如果這周妳仍然忙的話，我可以替妳再做一週的家務。」如此一來，妻子聽了肯定會心生慚愧和難為情，同時為你的體貼周到而感動。

加點幽默，醋意在笑聲中煙消雲散

　　唐太宗年間，皇帝李世民賜給開國宰相房玄齡幾名美女做妾。然而房玄齡是有名的「妻管嚴」，他的妻子盧夫人是位悍婦，一見丈夫竟然帶回幾名年輕、漂亮的小妾，頓時大發雷霆，指著房玄齡大吵大罵，並大打出手，把美人們趕出了房府。

　　得知此事後，李世民有些生氣，想壓一壓宰相夫人的橫氣，於是就派太監持一壺「毒酒」傳旨房夫人，如不接受這幾名美妾，即賜飲毒酒。誰知，房夫人面無懼色，接過「毒酒」一飲而盡。不過房夫人並未喪命，原來壺中裝的是醋，皇帝有意以此來考驗她，跟她開個玩笑。事後，皇帝正言告訴房玄齡道：「你老婆果然剛烈，從中可見她對你的感情之深，朕也敬重她三分，賞妾的事我看就算了，你以後就好好聽她的吧。」

　　「吃醋」的故事便因此流傳開來。醋的滋味酸酸的，嫉妒之味也是酸酸的，於是到了後來，「吃醋」也就演變成了男女之間因第三者介入而產生的嫉妒之情。

　　「吃醋」對於戀愛和婚姻中的男女而言是「家常便飯」，畢竟隨著雙方感情的日益加深，若突然出現了第三者，哪怕另一半只是和他（她）眉來眼去、暗送秋波，你也會出現心裡泛酸、心緒難平的異樣感受。如此一

243

來，醋意大發之際，諷刺、抱怨也就在所難免。如何才能巧妙化解這種情境？顯然，直來直去地解釋往往蒼白無力，甚至越描越黑，所以不妨適時加入「幽默」的調味料，在酸澀中加上一點甜味。

有一對夫妻去參加朋友聚會，妻子忽然發現老公一直注視著身邊那位打扮妖豔的女人，於是心裡酸溜溜的，就附在老公耳邊悄悄地說：「你去跟她說說話吧！不然別人會以為她才是你的妻子呢！」

老公一聽，馬上意識到了自己的失態，回頭笑著對吃醋的妻子說：「我才不去呢！誰是我妻子，我心裡最清楚了。」

說完，夫妻倆相視一笑，親親熱熱地挽起手。

這位妻子簡單的一句小幽默，就讓丈夫免於繼續失態。她在這裡所運用的是一種鈍化的攻擊，讓男人比較容易接受。試想，假如這位妻子不這樣做，而是當眾指責、諷刺，勢必讓丈夫下不來臺，使夫妻間的爭吵擴大，甚至大動干戈。

由此可見，在婚姻生活中，如果夫妻兩人對彼此視而不見，一點「醋」也不吃，這種愛情就會顯得淡而無味。反而偶爾吃點「醋」，並在其中加點幽默的調料，能讓平凡瑣碎的生活變得有滋有味。

一對夫妻帶著十四歲的兒子在沙灘上晒太陽。這時，迎面走來一名美麗的少女，情竇初開的兒子目不轉睛地盯著少女看。見此情形，妻子用手碰碰丈夫，低聲說道：「你看，兒子的確長大了。」

幾分鐘後，一個豐滿的少婦穿著泳衣從夫妻面前走過，丈夫禁不住為她的好身材投去色瞇瞇的眼神。見此情形，妻子心懷不滿，又用手碰碰丈夫，低聲責備道：「唉，你看你，別像兒子那麼孩子氣好不好？」

丈夫笑了，馬上把目光收了回來。

這位妻子很機智，面對色瞇瞇盯著別的女人看的丈夫，她並沒有當面發火，而是順著之前說「兒子的確長大了」的話語，以「孩子氣」來委婉暗示丈夫：兒子那麼盯著有魅力的女孩看，情有可原，畢竟他年齡還小；可是你一個成年人，都娶妻生子了，怎麼還能像小孩子那樣呢？如此巧妙的幽默提醒，讓丈夫在輕鬆一笑中感受到妻子的醋意和抱怨，從而看清自己的錯誤。

趙華是一位外科醫生，他的妻子小梅很愛吃醋。有一次，他與妻子出去逛街，忽然迎面走來一位年輕漂亮的金髮女郎，熱情地向趙華打招呼。等那位女郎走遠，小梅酸溜溜地看了丈夫一眼，問：「你在什麼地方認識的那個美女？」

「親愛的，妳別誤會，我們只是因為工作才認識的。」趙華知道妻子一向愛吃醋，所以趕緊賠著笑臉解釋道。

「真的嗎？是你的工作？還是她的工作？」妻子不依不饒地追問。

聽完這句富含幽默的問話，趙華被逗樂了，他親熱地摟過妻子的腰，佯怒道：「看妳想到哪兒去了！」

還有一次，趙華替一位重症病人做手術，很晚才下班回家。當妻子看見他之後，忽然大發嬌嗔：「你到底去哪鬼混了！老實交代！」

趙華一愣，說：「我沒去其他地方啊，晚上一直在醫院為病人做手術呢！」

「撒謊！那你額頭上怎麼有一片口紅！說！到底是哪個情人給你留下的？」妻子挽挽袖子，把趙華拉到鏡子前，指著他額上一片殷紅的痕跡厲聲責問。

「哦，是這個啊，親愛的，妳誤會了，這不是口紅，是血。剛才我開

車回家的時候，出了點意外，前額撞在方向盤上了。」

妻子面露笑容，喜滋滋地說道：「哦，這樣啊，那算你運氣好。」

你看，趙華的妻子不僅是個醋罈子，而且還是位懂得用幽默來為吃醋調味的高手。而就是這類帶有醋意的小幽默，使兩人之間的感情變得溫和、恬淡而富有情趣。由此可見，吃醋並不是件壞事，反而是一種善意的嫉妒，一種愛和關心的別樣表現。

當然，凡都要有個限度，夫妻間吃醋也不例外。正所謂「小醋怡情，大醋傷情」，如果你把握不好這個「度」，大發醋意，再好笑的幽默有時候也難以調和，最終釀成不可挽回的惡果。

【幽默你的世界】

小小的吃醋能令愛情升溫。然而面對另一半包含醋意的埋怨，我們該如何利用幽默的武器來化解尷尬，技巧當然有很多，「借題發揮」便是其一。

比如，你和妻子一起在路上走，迎面走過來一位漂亮女郎，你忍不住多看了幾眼，妻子臉上馬上陰雲密布，質問你為什麼那麼色瞇瞇地看人家。你不妨笑著回答說：「親愛的，妳誤會了，我不是在看人，而是看她穿的衣服，以後按照那種款式買一套送給妳呀！」即便妻子半信半疑，但臉上肯定會浮起笑意。

用幽默搞定「燒錢老婆」

俗話說：「男主外，女主內。」在一個家庭中，如果把丈夫比喻為創造家庭財富的「棟梁」，那麼妻子可謂是管理家庭財富的「核心」，就此而言，要打造完美的家庭，不僅需要夫妻在感情生活上和睦，更要在理財上達成一致的目標，一起開源節流，為家庭的幸福奠定穩定的經濟基礎。

但假如你不幸娶了一位購買欲很旺盛的女人做老婆，該怎麼辦？面對老婆大手大腳花錢的舉動，你是否總是板著臉，對其循循善誘？事實上，這樣很難盡如人意，甚至不僅達不到勸說的目的，反而引來了雙方更激烈的爭吵。

購買欲是人之常情，但若購買欲過於旺盛，則無異於一個巨大的黑洞。對此，如果你能運用幽默的方式，對她曉之以理、動之以情，勸其改進，效果往往會更好。

熱愛時尚的張欣與丈夫結婚五年了，有一次，她又想買頂帽子，便對丈夫說：「親愛的，小王的女友買了頂新款帽子，真好看！」

聰明的丈夫一聽，知道妻子話裡有話，馬上答道：「是嗎？如果她像妳這樣漂亮，就不用經常買帽子了。」

聽了丈夫這句讚美之詞，張欣頓時心花怒放，同時也不好意思再開口說要買帽子了。

張欣的丈夫並沒有直接拒絕妻子，而是從另一個方面去滿足了妻子的精神需求，這種巧妙「借雞生蛋」的方式，不僅能避免妻子一味的糾纏，而且還滿足了妻子的虛榮心，讓她更開心。

郭宇和小麗是一對新婚不久的夫妻，由於兩人剛組織家庭，經濟上不太寬裕，所以郭宇花錢總是很謹慎，從不願多花掉一分錢。可是妻子小麗卻截然不同，還像戀愛時一樣，時不時地要求老公買這買那。

有一次，小麗對丈夫抱怨道：「親愛的，你看，對面鄰居家今天剛買了一臺全自動洗衣機和一臺液晶電視機。可是我們家呢？結婚都快一年了，天天看的還是這臺十來年的老式電視機，什麼新『機』都沒有。」

「誰說沒有？」郭宇不慌不忙地從口袋裡掏出一個嶄新的打火機，笑著對妻子說：「我今天剛買了個打火機。」

一句話逗得小麗哈哈大笑起來，頓時把購買「機」的事給拋到了九霄雲外。

還有一次，郭宇陪小麗去逛街，在一家品牌女裝店裡，小麗盯著昂貴的名牌衣服捨不得挪步，弄得丈夫提心吊膽，生怕妻子心血來潮要求買一件給她。

果不其然，不一會兒，小麗挽著丈夫的左手臂親暱地撒嬌道：「親愛的，你能花兩百塊錢給我買那件洋裝嗎？」

「妳說什麼？這裡人太多了，亂糟糟的，我左耳朵不太好。」郭宇故意裝作耳背的樣子大聲問妻子。

見此情形，妻子心領神會，知道老公不太願意掏錢，但她還是不肯善罷甘休，於是乾脆走到丈夫的右邊輕聲說：「你能花五百塊錢給我買件衣服嗎？」

丈夫趕緊說：「妳還是到左邊來說吧！」

一聽此話，小麗笑著揚起拳頭，嗔怒地在丈夫背上捶了一下。

聰明的郭宇對於購買欲旺盛的妻子小麗的要求，沒有嚴詞拒絕，讓伴侶下不了臺，而是巧妙裝作「耳背」，輕而易舉地就把妻子胡亂花錢購物的打算給「頂」了回去。當然，面對不善理財的「燒錢老婆」，作為丈夫，有時候還可以用「步步深入」的幽默方式來處理，比如下面這位機智的小崔——

小崔的妻子在花錢方面比較爭強好勝，喜歡與人攀比，鄰居小劉有什麼，她就一定要有什麼。

一天，小崔的妻子與人大開聊時問道：「親愛的，你知道小劉家最近又添置了什麼東西？」

小崔不動聲色地答道：「這我知道啊，他們家前天剛買了一組新沙發。」

妻子臉上露出了不屑，說：「新沙發算什麼啊，明天我們也買一組新的！」

小崔又說：「他家還購買了一臺名牌電漿彩色大電視機呢！」

妻子眉飛色舞地說：「小意思，我們家也買一臺！不能讓別人看笑話，對了，你再想想，他們家還添購了哪些東西？」

小崔故意裝作難為情的樣子，吞吞吐吐地對妻子說：「小劉最近……最近……唉，算了，我不想說了。」

妻子很納悶，不高興地對丈夫追問道：「為什麼不說？你怕我們比不過他嗎？」

小崔難為情地說：「他另外找了位漂亮的妻子。」

　　一聽此話，小崔的妻子不吭聲了，聽出了丈夫話裡的意思，並立刻意識到了自己的錯誤。

　　其實，小崔是在運用步步深入的歸謬法，有意識地引導和暗示妻子：凡事不能一味地與他人相比，尤其是在購物上，一定要量力而行。這種巧妙的方式逐步誘導出妻子觀點的錯誤，既緩和氣氛，同時又避免了尷尬，最終使更平衡了妻子原本的失衡心理。

　　由此可見，面對那些在家庭理財方面的「菜鳥」老婆，作為丈夫，絕不能因此讓情緒失去控制，大動肝火，而是要巧妙運用幽默感來委婉地拒絕、暗示或者批評，這樣方可達到循循善誘、春風化雨的目的。

【幽默你的世界】

　　家裡的存款有限，而妻子的購物欲卻無窮。面對購買欲如此旺盛的「燒錢老婆」，做丈夫或多或少感到力不從心。實際上，只要適當運用幽默之術，順水推舟，借雞生蛋，往往能夠讓難題迎刃而解。

　　比如，你的妻子愛買高級衣服來打扮自己，某日，她故意對你說：「親愛的，昨晚我夢見你答應給我一千塊錢買大衣。你會成全我的美夢吧？」面對這個棘手的問題，你不妨順著她的話題回應：「那當然。說來也巧，我昨晚也做了一個同樣的夢，我記得把錢給妳了呢。」如此幽默委婉的拒絕之詞，肯定能讓妻子在哈哈一笑之後無話可說。

第十一章

情緒除錯的幽默

幽默是緩解生活壓力的有效良方

在競爭日趨激烈的社會裡，龐大的生活壓力，使許多人容易患上心理疾病，比如目前患病率最高的憂鬱症等，長此以往，不但影響了工作，也影響了身體健康。其實，擺脫這種心理上的壓力與疾病並不難，而其中一個最有效的應對良方就是改變心態，學會運用幽默在生活中尋找樂趣。

事實上，幽默的確能夠有效地釋放人們內心的焦慮情緒，維持心理上的平衡，減低憂鬱症狀，調節龐大生活壓力對心情的影響。如果我們能夠擁有幽默感，不但能夠緩解緊張的情緒，調節壓力，更能讓我們活得長壽、健康。

李華是某公司職員，有段時間，公司經營狀況不佳，公司一直沒有發獎金。對此，本來就屬於「月光」一族的李華深感生活壓力驟增，心裡也逐漸鬱悶。

一次中午休息時，李華與幾個同事在辦公室閒聊，提起公司最近不景氣的狀況，李華不由得感慨道：「唉！別說公司日子不好過，我的溫飽都成問題了！壓力大啊，現在花錢，恨不得把一塊錢掰成兩半花！」

一聽此話，幾個同事都深有感觸，紛紛對公司產生了意見，聊天氣氛一下子就陷入了沉悶。就在這時，一個幽默、樂觀的同事一本正經地對李

華說：「老兄，別白費力氣了，我試過，根本搬不動。」

這句風趣的調侃話馬上逗得一屋子的同事都哈哈大笑起來。

這位同事輕鬆的一句話，就讓氣氛壓抑的辦公室瞬間活躍起來，讓大家在心情鬱悶之時開口一笑，大大緩解了心理壓力。試想，如果這位同事也跟著其他人一起感嘆薪資的壓力，只會讓在場同事更加愁悶，而這樣的心態無疑對於解決薪資問題沒有任何幫助。

面對激烈的工作競爭和生活壓力，心理上感覺憂鬱是很正常的。在這些壓力面前，與其愁眉苦臉地唉聲嘆氣，倒不如樂觀以對，適時地運用幽默來緩解緊張焦躁的情緒，有助於調節心情。

畢業求職旺季的大學校園，大四學生趕場應徵，參加一輪又一輪的筆試、面試，讓他們整日忙個不停。面對競爭激烈的工作職缺，不少大學生都深感求職壓力龐大，紛紛以幽默的方式在社群平臺上抒發，比如「我學數學我無奈，工作找得很失敗」、「我學經濟我悲劇，畢業工作沒處去」、「我學歷史我腦殘，求職路上好心煩」等等。

這些大學生用調侃的口吻來發洩對找工作的不滿，只是想放鬆一下緊張的神經，在疲於參加應徵和面試的同時，幽默一下，緩解求職壓力帶給自己的心理負擔。

的確，一則簡短的幽默故事，一句寥寥數字的玩笑話，往往既能給自己帶來歡樂，同時也能感染別人，讓我們從繁重的工作和緊張的生活壓力中解脫出來，繼而充滿信心和勇氣去面對新挑戰。

古希臘著名哲學家蘇格拉底（Socrates），經常在自己家樓下為學生們講課，常常因為上課太認真，一直到天黑都不想下課。對此，他的太太很生氣，經常在快要下課的時候，用錘子猛敲地板，催促老公回家吃飯。然

而蘇格拉底面對凶悍太太的這種示警壓力，依然不為所動，繼續談笑風生地為學生們授課。最後，太太實在受不了了，就在樓上亂摔東西，破口大罵，有一次甚至還故意把一大桶冷水倒在丈夫的頭上。

被太太弄成落湯雞的蘇格拉底，當時非常尷尬，學生們也都捏了一把汗，認為這次老師肯定會對師母「有力反擊」。沒想到蘇格拉底並沒有這樣做，而是用手擦擦臉上的水滴，笑著對學生們說：「我們剛才不是講了自然法則嗎？那是理論，師母現在正好實地示範，剛剛猛敲地板是『打雷』，接著從樓上倒水就是『下雨』囉，這就是先後有序的自然法則。」

聽了老師這番幽默風趣的解釋，學生們頓時被逗得哈哈大笑。

面對老婆對自己講課的干涉壓力，蘇格拉底並沒有為此動怒，甚至當老婆親手把一桶冷水澆到自己頭上時，也沒有大動肝火，而是巧妙地結合課堂所講的「自然法則」，輕鬆化解了窘境，而使授課得以正常進行。試想，假如當時蘇格拉底不是這樣做，而是跳著腳對著老婆大吼大叫，那麼還有可能繼續上課嗎？肯恐怕學生們早已被這種尷尬場面給嚇跑了！

面對各式各樣來自生活中的巨大壓力，我們是願被這些壓力所擊敗，還是願將這些壓力擊潰，全在於我們自己。而有效緩解壓力，調節心情的一個簡單武器，就是一個小幽默，一臉樂觀的微笑。

某高三教室，眼看就要大考了，同學們都緊張地複習功課，誰也沒有心情說話搞笑。然而就在這時，教室裡突然發出「哐噹」一聲巨響，一個學生因為座椅壞了而摔倒在地，頓時引起了全班同學的注意，甚至有人偷偷笑出聲。對此，講臺上正在批閱試卷的老師抬起頭，揉了揉疲憊的雙眼，感嘆道：「唉，學習帶給這把椅子的壓力太大了！」

全班同學立刻哄堂大笑。

這位高三老師很懂得運用幽默來緩解學生們面對大考的巨大心理壓力，一句「學習帶給這把椅子的壓力太大了」不僅有效緩解了當時尷尬的氣氛，而且還逗笑了同學，讓大家在辛苦學習之餘有效地放鬆一下。

總之，在現實生活中，不管你的壓力來自哪裡，都無法避免，能夠將壓力轉化為動力的是智者，能將壓力化解於無形的則是聰明人；而那些愚笨的人呢，則只能終日飽受壓力的折磨，鬱鬱寡歡甚至一蹶不振。所以，做一個聰明的人，在壓力面前想辦法自我幽默，自我調節，這樣才能做一個輕鬆快樂的自己。

【幽默你的世界】

運用幽默來緩解壓力的方法有很多，然而無論你採取哪種方式，都要選擇好場合、時機，並且把握住火候，才能有效地引人發笑，成功調適鬱悶心情。

比如，你發現自從和妻子結婚後，她的控制欲特別強，什麼都要管，不管是薪資、社交，還是電話，她都要過問，對此，你備感壓力。此時與其和妻子大吵大鬧，不如運用生活中的小情景來製造幽默，讓對方了解到自己的錯誤。某日，你和妻子準備出門逛街，等走到家門口時，你問她：「親愛的，你說我應該先邁出哪隻腳呢？」這句看似不經意的幽默肯定能讓妻子頓有所悟。

失意不失態，以幽默從容面對煩心之事

在現實生活中，總難免遭遇一些失意的情況，例如工作或情場。有時候即便再努力，也無法完全避免失意所帶來的不適情緒。對此，一味地消極逃避是不對的，因為這樣做不僅不能讓失意走開，反而會讓其更加囂張。只有選擇積極面對，用幽默來調侃，才能真正從中走出來，打造陽光、開朗的心情。

二戰結束後不久，在一次大選中，名揚四海的政治家邱吉爾（Winston Churchill）落選了，令多人感到不可思議、難以接受。落選當天，事先得知此事的助理急匆匆地跑過來，小心翼翼地告訴正在游泳的邱吉爾：「先生……您……您落選了。」

沒想到，邱吉爾聽到這個不幸的訊息後，不但沒有像助理預料般生氣、失落，反而風趣地對助理笑著說：「好，極好了！這說明我們勝利了！我們追求的就是民主，民主勝利了，難道不值得慶賀嗎？」

作為一位偉大的政治家，面對競選失意，邱吉爾以從容理智的幽默，表現出其極度豁達的政治家風範，真是不能不讓人欽佩！

南朝劉宋時代，明帝劉彧懷疑江州刺史王景文有謀反之意，命人送去賜他一死的敕書。當時王景文正在與客人下棋，看到皇帝的敕書後，靜靜

地把它放在棋盤底下，神情依然舒暢。等這局棋下完了，王景文若無其事地把棋子、棋盤等收拾完畢，這才平靜地告訴大家：「皇帝賜下了敕書，賜我一死。」然後端起那杯毒酒，隨即又幽默地對眾賓客說：「這樣的酒，就不能請諸位喝啦！」說罷，將毒酒一飲而盡。

見此情形，大家都面面相覷，同時對王景文心生敬佩。面對遭冤屈的死亡，王景文能夠做到如此從容不迫，足以說明他面對生活中挫折或失意的樂觀態度，是常人難以企及的生命境界。

有位著名的鋼琴家到奧地利維也納知名的「金色大廳」。然而演出開始時，鋼琴家失望地發現，全場觀眾很少，還不到半數。尷尬的情形連一旁的工作人員都覺得難為情，不知道如何是好。

就在這個關鍵時刻，鋼琴家調整自己不快的情緒，從容鎮定地走到舞臺前，微笑著對觀眾說：「我覺得你們維也納人一定很有錢，也很慷慨，不然你們每個人怎麼都買了兩個座位的票呢！」

話音剛落，全場歡聲雷動起來。

這位鋼琴家的勇氣和胸襟令人佩服，他用幽默化解了現場尷尬的同時，也紓解了自己心中的失意，博得現場一片掌聲。這位鋼琴家未來若還有機會去維也納演出，相信現場一定會爆滿的。

一個陽光燦爛的週末，有位女孩坐在長椅上，因為不如意的事而黯然神傷。這時，不遠處有個小男孩跑了過來，站在她身後哈哈地大笑。女孩覺得奇怪，於是就問他：「你笑什麼呢？什麼事這麼讓你開心？」

小男孩一臉的得意，說：「因為剛才我忘了提醒妳，這條長椅的椅背是早晨剛剛漆過的，現在我想看看妳站起來時後背是什麼樣子的。」

本來情緒不好的女孩一下子就被逗樂了。但是她並沒有當即站起身，

讓那個小男孩看她的笑話，而是故意用手一指小男孩身後的方向，大聲對他說：「你看，那裡有很多人在放風箏呢，好熱鬧！」小男孩信以為真，馬上就把臉轉了過去。而就在這個時候，女孩立刻迅速地站起身，脫下外套拿在手裡。等小男孩發覺自己受騙而氣憤地轉過臉時，女孩正笑吟吟地看著他。對此，小男孩無奈地對女孩做了個滑稽的鬼臉，跑開了。

女孩經過和小男孩的一番幽默「較量」後，原本不快的心情肯定好多了。幽默能幫助我們忘記不愉快的事情，儘快地從不良情緒中解脫，走出失誤的心理陰影，重新以積極進取和樂觀的精神來面對生活和事業。

生活中除了被人捉弄的失意外，很多人在情場上也遭遇過滑鐵盧。對此，很少有人真正能做到瀟灑。有的人在情場失意後不願再接觸感情；有的人則過於沉溺在過去的戀情回憶中，裹足不前；更有的人因不願再受傷而刻意封閉自己，最終離真愛越來越遠。實際上，相較於這些愛情「逃兵」，勇於幽默自己，能夠從失意中站起來的才是應該贏得掌聲的人。

程勇剛被心愛的女朋友「甩」了，心情極度鬱悶，動不動就對朋友小劉大倒苦水：「女人是天底下最壞的東西！她們的心腸就是毒藥，我勸你以後不要再接近女人了！」

幾天後，小劉在逛街時驚訝地看到，原來還對女人抱有偏見的程勇，此時正與一位女孩親密地走在一起，看樣子明顯是新交了女朋友。於是小劉就走上前揶揄道：「老弟，你怎麼又和女人在一起？她們不是毒藥嗎？」

「是啊，但是你有所不知。」程勇幽默地對好友解釋道，「自從失戀後，我就很悲觀，一直想服毒自殺。」

這個故事中的程勇，就很懂得運用幽默來調節情場失意的不快情緒，

他巧妙用「女人是毒藥」和「我一直想服毒自殺」來暗示自己從失戀到再戀的心理轉變，同時又告訴我們：在戀愛中，一段感情的結束並不代表自己愛情的結束。所以當不幸遭遇失戀，一定要收拾好舊心情，展開燦爛的笑容，期待新戀情的到來。

由此可見，面對生活中諸多不如意，我們唯有揮動幽默的魔杖，讓自己失意不失態，不失形，甚至是不失志，從中調控自己的欲望和心態，從而讓人生開出七彩的花朵。

【幽默你的世界】

人生在世，難免會遇到各種坎坷和不順心，如果終日沉溺在憤懣或悲觀失望中，必然不能自拔，讓自己活得很累。學會運用幽默來解脫這種心理困境，而風趣的自我嘲笑則是最佳方式之一。

比如，某日當你在雪地上行走時，不小心滑了一跤，站起來走了幾步後又不幸再次摔倒。見此情形，周圍的人都暗自竊笑。對此，你不妨拍拍屁股，自言自語地對大家說：「唉！早知如此，當初我就不爬起來了！」這種自嘲的幽默方式，往往能迅速消除不快情緒，使失意得到有效治療。

幽默是消除緊張空氣的「排氣閥」

競爭激烈、快節奏、高效率的當今社會，不可避免地充斥緊張和壓力。當然，適度的精神緊張是必須、有益的，是人們解決問題的必要條件，但是過度的精神緊張，往往易使情緒激動、惱怒，甚至可能導致大腦神經功能紊亂，損害身體健康。面對緊張的局面，設辦法克服恐懼心理，把自己從拘束的氣氛中解脫出來十分重要；否則，不幸處理得不好，不僅令我們的形象大打折扣，繼而帶來一系列的災難。如果能幽默地將緊張情緒化解，後面的一切就簡單多了。

美國著名的五星上將艾森豪威爾，在第二次世界大戰期間，有一次視察軍隊時接見了一名士兵。這名士兵平生第一次遇到這樣重大的場面，因此看起來緊張不安。

見此情形，艾森豪主動微笑著對那名士兵說：「我的孩子，你現在的感覺怎樣？」

士兵誠懇地回答道：「報告將軍，我感到特別緊張。」

艾森豪笑著說：「哦，是嗎？說實話，我也跟你一樣，我親愛的孩子。」

聽了艾森豪這句幽默的話語之後，士兵緊張的心情很快就放鬆下來，之後與艾森豪的談話也顯得自然許多，並且因而激情飽滿，在戰鬥中屢建功勳。

面對緊張不安的士兵，平易近人的艾森豪威爾將軍並沒有擺出架子，而是主動放低身段，用幽默的話語消除對方的緊張情緒，並由此展開愉快的談話。無論你是高高在上的領導者，還是普通老百姓，只要能夠在人際交流中巧妙運用幽默，往往能消除初次打交道的緊張或恐懼心理，創造出輕鬆融洽的氛圍。

張諾是某公司業務部經理，在某次會議上，與客戶部經理方剛的意見不合，兩人當場吵了起來。張諾毫不客氣地指責方剛：「你們客服部太不負責任了！一碰到客戶的責難就讓他們直接找我們業務部，這叫什麼態度？要是銷售之後的工作你們都不願意做，那我們公司還需要客服部嗎？」

一聽此話，一向盛氣凌人的客戶部經理方剛拍案而起，反駁道：「我說張經理，你說話可要有點兒良心啊，哪一次你們銷售的後期工作不是我們來維護的？你們拿錢走人了，留下爛攤子要我們來收拾，拿抽成的時候怎麼沒想到我們呢？」

「這是什麼話？沒有我們業務部，整個公司怎麼運轉？沒有我們銷售人員跑客戶，恐怕你們客服部連薪資都別想拿！」張諾毫不退讓。

就這樣，兩人唇槍舌劍，你來我往，爭執不休。

見此情形，一直沒說話的老闆這時開口了：「好了，這場戲就演到這裡！各位同仁，這就是公司不團結的生動寫照，我是故意請他們兩位給大家作個示範表演，希望諸位以後以此為訓，團結一致，共同為公司的發展努力打拼……當然，他們兩位的表演水準雖說差強人意，但畢竟不是科班出身，情有可原啊！」

話音剛落，會場一陣爆笑，馬上就使原本緊張兮兮的氣氛緩和了許多。

　　這位老闆的一席話多麼生動有趣！他把張諾和方剛的爭吵歸結為「演戲」，並以此警告大家，從而不僅有效緩和了當時劍拔弩張的緊張氣氛，而且贏來了眾人的笑語。

　　當然，不止是在工作場合，戀愛也會帶來緊張不安的心情，面對自己心愛的人，往往不知所措。此時若是懂得運用幽默來調節這種拘謹狀態，肯定會縮短兩人之間的心理距離。

　　小肖是某大學數學系的博士生，三十初頭了，至今還是單身。一個偶然的機會，經人介紹，小肖認識了一位溫柔的女孩。兩人第一次約會時，女孩感覺很緊張，好幾次看著小肖帥氣的面孔都欲言又止。對此，小肖看在眼裡，急在心上，因為他也很想找個合適的話題和女孩聊天，無奈由於一時緊張，竟然無從開口。

　　終於，在兩人去看電影的路上，女孩鼓起勇氣問小肖：「你學歷這麼高，可是我才大學畢業，並且未來在哪裡還是未知數，你真的對這些不介意？」小肖聽後笑了笑，輕聲回答道：「絕對不介意！現在這社會，學歷不是最主要的，主要是看能力。要說未來在哪裡還是未知數，那更無所謂了，因為我是專門研究數學的，生來就喜歡探究並解答未知數。」

　　聽完這番話，女孩被逗得掩嘴笑了，心情頓時放鬆不少，於是就主動拉起小肖的手，高高興興地朝電影院走去。

　　故事中的小肖的確很有幽默感，面對女友的疑慮，巧妙地將自己的專業與現實結合，不僅消除了對方的擔憂，而且用笑聲把兩人之間的緊張氣氛一掃而光。幽默是智慧的表現，具有幽默感的人到處都受歡迎，因為他總能透過幽默化解掉人際交往中的緊張氣氛，自己心情放鬆的同時也給別人帶來快樂。

【幽默你的世界】

　　笑聲能快速地縮短兩人間的距離，面對緊張的場合，我們首先要穩定情緒，然後充分利用能創造幽默的人、事或場景進行即興發揮，從而製造笑聲，讓瀰漫在彼此之間的緊張空氣在幽默這個「排氣閥」的作用下消失得無影無蹤。

　　比如，某日你去搭公車，因搭車的人特別多而推擠爭吵，不管司機如何扯破了嗓子大喊「不要擠」都無濟於事。對此，你不妨大聲喊：「別擠了！再擠，我就變成相片啦！」這句幽默肯定能換來車廂裡人們的笑聲，同時大大緩和現場的緊張氣氛。

用幽默的自嘲來昇華你的不良情緒

何謂「自嘲」？顧名思義，就是運用嘲諷的語言和口氣，自己戲弄、貶低或嘲笑自己。但是從自嘲者的本意來看，又並非僅限於自我嘲弄，往往具有「言此意彼」、「表裡相悖」的暗示。就此而言，能夠運用幽默來進行自嘲，是一般人很難做到的，也因此很多人把自嘲稱為幽默的最高境界。你想，在別人面前用自身的失誤甚至是生理缺陷來開自己玩笑，這需要何等豁達、樂觀、超脫的心態和胸懷？幽默自嘲不僅能委婉地吐露自己內心的鬱悶、不滿、惱怒等不良情緒，同時從中得到昇華，讓別人對你刮目相看。

美國總統杜魯門（Harry S.Truman）是一名幽默專家。有一次，他會見麥克阿瑟（Douglas MacArthur）將軍，對將軍傲慢的言行舉止十分不滿。尤其是在會見中，麥克阿瑟竟然旁若無人地拿出菸斗，裝上菸絲，取出火柴準備劃燃時故意停了下來，然後轉過頭來看看杜魯門總統，明知故問道：「我抽菸，你不會介意吧？」很顯然，麥克阿瑟不是在真心徵求杜魯門的意見，因為在他已經作好抽菸準備的情況下，要是杜魯門說自己介意，必然顯得粗魯和霸道。

面對麥克阿瑟這種無禮的傲慢舉動，杜魯門未免有失顏面，同時內心

惱火。但是他並沒有當面發洩不悅，而是盯了麥克阿瑟一眼後，用自嘲的口吻風趣地調侃道：「抽吧，將軍，要知道，別人噴到我臉上的煙霧，要比噴在其他任何一個美國人臉上的都要多得多。」

面對麥克阿瑟有意給自己製造的難堪，機智的杜魯門總統並未針鋒相對，而是巧妙運用自嘲，保護了他的自尊，並展現出自己的大度胸懷，讓原本傲慢的麥克阿瑟將軍迅速產生了敬畏。

在人際交往中，對方有意或無意地觸犯你，把你置於尷尬境地時，你也可以藉助幽默的自嘲來擺脫窘境，排除不快情緒的同時，也讓對方對你的大度和豁達刮目相看。

與杜魯門相比，林肯總統在自嘲方面也堪稱高手。

有一次，林肯在散步時遇到一位老婦人，老婦人毫不留情面地嘲笑他道：「先生，你是我見過的長相最醜陋的人。」

面前這位素不相識的陌生老婦人竟然對自己的長相如此取笑，作為總統，林肯心裡難免有些不快，但是他並沒有發火，而是立即笑著回答道：「夫人，你得體諒我，長成這樣我也是身不由己啊！」

這句話馬上就逗笑了那位老婦人，並且再也不好意思說什麼。

林肯總統沒有因為這位老婦人的無理而加以指責和反擊，而是以這句看似無奈的幽默自嘲，為這段不愉快的對話畫上了句號。正是因為自身有著良好的修養，林肯才能做到面不改色地自嘲外貌，並藉此把內心的不快情緒轉化為笑聲，讓別人深切感受到了他瀟灑不羈、豁達的交際魅力。

李濤是某公司職員，因為家庭條件不太好，長得也不帥，三十好幾了還沒結婚。每當有同事責怪他眼光太高、擇偶太挑剔的時候，李濤總故意裝作一副委屈的樣子自嘲道：「哈，瞧瞧我這德行，論外貌，屬於『三等

殘廢』，論家境，我是『第三世界』，哪還敢挑剔啊？！」

這幾句自嘲語不僅引來了眾人笑聲，同時對李濤的這番「苦衷」產生了幾分同情。

李濤在面對同事們的誤解時，不但沒有大發脾氣，把自己內心的壞情緒給宣洩出來，反而保持樂觀的心境，採用自嘲的口吻，故意自己揭自己的「醜陋」和「拮据」，藉以巧妙地暗示出至今未婚的真正原因，從而為自己「正名」。這種高明的說辭，比起直言不諱地表白自己，或者直接了當地駁斥對方，更顯委婉達意、巧妙得體。

有位老教授到某大學演講，演講當天，該校校園內還有一場藝術表演，所以當時到場聽演講的學生並不多，很多座位都空著，甚至還有一些學生在門口徘徊，似乎隨時準備離開。

見此情形，老教授心裡自然不甚愉快，但是面對臺下的學生們，他並沒有表現出自己的不快情緒，而是微笑著說：「我想問一下諸位，你們身邊的空位是不是給其他同學占的座啊？不然門口怎麼也圍著一些同學？當然，門口那些同學很熱情，剛才我進場的時候，就充分感受到了眾星拱月般的尊重。你們寧願站著也想聽我這個老頭子的講座，我真是備感榮幸，在老頭子和少男少女之間，你們選擇了我這個老頭子，謝謝大家！」

一聽此話，門口那些徘徊的學生感覺很不好意思，於是都進場坐下了。可想而知，這位老教授接下來的演講進行得非常順利。

老教授巧妙地以年齡進行自嘲，不僅讓學生們感受到他的幽默風趣，同時也讓一場本來聽眾寥寥無幾的演講變得生動起來。這種高明的開場白，免除了自身的尷尬，同時又不會傷害他人的感情，可謂一舉兩得。

總之，當你在工作和生活中遇到不公正的待遇或不合理的評價時、當

你在交際交往中被人置於尷尬的窘境時、當你被人誤解而心懷不滿時……不妨審時度勢，大膽拿起自嘲的幽默武器，平衡即將失控的情緒，巧妙化解不快氣氛，同時展現出樂觀、超脫的胸懷，從而昇華情緒，讓人對你敬佩三分。

【幽默你的世界】

使用幽默式的自嘲，重點在於剝離自我，把自己當成別人去評論和奚落。特別是當別人在攻擊你的時候，如果你極力辯解和防禦，往往顯得蒼白無力。此時不妨反過來加入攻擊者的隊伍，甚至在敵人攻擊你的弱點之前，搶先自嘲己身弱點，令對方反而不好意思再攻擊你。

比如，有人諷刺你說話大舌頭，嘲笑你道：「把舌頭拉直了再說話！」對此，你可以用誇張的語調風趣地自嘲：「我也想拉直，不過舌頭太大了，伸直了嘴裡放不下。」

你在與朋友聊天時，有人自恃在健身房鍛鍊過一段時間，藉機向大家炫耀他的腹肌。這個時候你可以說：「我也有腹肌，而且是很大一塊兒。」然後撩起上衣，給大家欣賞你的啤酒肚。

幽默是減輕痛苦的最佳利器

生活中難免挫折和失敗，因而我們總得經歷痛苦，有時即便痛苦癒合了，也會留下一道永不消失的疤痕。而面對痛苦，許多人感到無所適從，常被憂愁的情緒所困擾。在這種情況下，假如你擁有幽默，也就具有了隨環境變化而調節自我心理的有力武器，換句話說，幽默能減輕因失敗帶來的痛苦。

實際上，很多科學研究也表明，歡樂和笑聲能刺激人腦產生一種使人興奮的荷爾蒙。這種物質一方面能增強抵抗力，另一方面還能刺激人體分泌一種自然的鎮靜劑 —— 腦內啡（Endorphin），有助於減輕痛苦。就此而言，面對痛苦，以幽默來輕鬆化解，不僅可以使人擁有陽光樂觀的心理，還能促進身體的健康，減少疾病的趁虛而入。

有個人不幸罹患盲腸炎，醫生對他實施盲腸割除手術。然而手術痊癒後，這位患者還是經常感到小腹疼痛，於是又去醫院檢查，原來是粗心的醫生把手術刀留在身體裡面了。無奈，這位患者又被重新開刀。沒想到，再次手術後，他還是感到腹中氣脹，又一檢查，那位醫生竟然又把紗布遺忘在他肚子裡了。

病人對此很氣憤，最後一次躺上手術檯時，他對那位醫生說：「你要

是沒有把握這次別在我肚子裡落下東西，乾脆在我肚子上裝個拉鍊算了，這樣以後更方便！」

這位病人罹患盲腸炎已經夠痛苦了，又偏偏遇到一位迷糊的醫生，一連做了好幾次無辜的手術。這要是換了別人，恐怕早已痛苦不堪，氣憤之極，把那位庸醫告上法庭，但他並沒有這樣做，而是選擇了用幽默來調侃醫生的失誤，以樂觀的心態來積極面對痛苦的手術。

當然，生活中帶來痛苦的遠不止身體疾病的困擾，更多是來自於挫折與失敗所產生的鬱悶和焦慮。對此我們同樣可以用幽默和樂觀來對待，降低心理上的痛苦帶來的傷害。

1914年，著名的發明家愛迪生不幸遇到了一場災難：他在紐澤西州某市的工廠失火了，廠內將近一百萬美元的裝置和大部分研究成果都被燒得乾乾淨淨。

第二天，這位六十七歲的發明家在他的希望與理想化為灰燼後，來到火災現場。圍觀的人們都用同情和憐憫的眼光看著他，甚至還有人猜測，面對巨大的損失和打擊，這位大發明家肯定會痛哭流涕。沒想到，愛迪生面對眾人，平靜地說：「災難也有好處，它把我們所有的錯誤都燒光了，現在可以重新開始。」

愛迪生這種積極而超俗的樂觀心態和與眾不同的思考方式，的確令人讚嘆。而實際上，面對如此打擊，愛迪生心裡能不痛苦嗎？肯定會的，但是他也深曉，既然災難已經發生，再痛苦後悔又有什麼用？與其如此，不如笑看挫折，從中吸取教訓，爭取以後做得更好。也就是因為這種幽默樂觀的思想，使得這位大發明家在事業上不為失敗所打倒，步步邁向成功。面對苦痛，如果能以歡笑來作為止痛劑，不僅可以從中得到樂趣，還能適

當地使自己的心境處於超然的地位。這種在沉重打擊面前仍舊坦然處之的積極心態，必定能夠戰勝沮喪，把坎坷崎嶇轉化為通往勝利的康莊大道。

考夫曼（George Simon Kaufman）是 20 世紀美國著名的作家，他憑藉自己出色的作品，年紀輕輕就賺到了一萬美元，這在當時的社會是一筆為數不小的鉅款。為了讓這一萬元產生效益，考夫曼接受了自己的朋友、悲劇演員馬克的建議，把錢全部都投到了股票上。但結果卻出人意料，因為1929 年的金融風暴，考夫曼的一萬元轉瞬之間就變成了廢紙。

面對這樣的窘境，考夫曼卻並沒有表現出痛苦萬分的樣子，相反，他很看得開，風趣地對朋友說：「唉，馬克不愧是專演悲劇的，任何人聽他的話把錢拿去投資，都活該泡湯！」

實際上，大家心裡都很明白，導致考夫曼投資失敗的根本原因並非馬克是個悲劇演員，而是美國的金融風暴。但是考夫曼卻幽默地把原因推到馬克身上，其實並不是有意指責對方，而是藉機埋怨，以苦中作樂的方式來積極面對自己所遭遇的損失。由此可見，面對挫折、失敗，憤世嫉俗或者牢騷滿腹都無濟於事，只有改變心態，拿得起、放得下，才能有效解除這些不良情緒所帶來的痛苦。

有一對苦命的夫妻住在偏遠的小山村裡，丈夫雙目失明，妻子雙腿癱瘓。一年年過去了，夫妻相依為命，辛勤勞作，雖說日子過得不算富裕，但總有一種幸福的感覺圍繞在他們之間。

有人問他們：「為什麼你們能夠如此幸福？」丈夫聽到這樣的問話後，淡淡一笑，滿足地回答：「正因為我雙目失明，所以才能完整地擁有她的雙眼。」而妻子的回答與丈夫竟然是驚人地相似：「正因為我雙腿癱瘓，所以才能完整地擁有他的雙腿。」

這一對夫妻面對各自的身體殘疾，卻並不以此自卑、痛苦，反而樂觀看待，珍惜眼前的一切，體會平凡的幸福，這種對待生活及愛情的態度，無疑是非常超脫、豁達的心靈境界。

有一句俗語，「黃連樹下彈琴——苦中作樂」，講的就是一種面對挫折和失敗的高境界。面對各種紛至沓來的痛苦，大可不必加重心理負擔，一味地沉溺在不良情緒中。不妨試著以幽默來苦中作樂，把痛苦的感受降至最低，甚至轉化為奮進的動力。

【幽默你的世界】

運用幽默的武器來減輕心理上的痛苦情緒，學習以風趣、另類的思考方式，正視痛苦的根源，從而做到輕鬆面對，樂觀向前。

比如，某日有人去醫院檢查身體，等檢查結果出爐，醫生非常悲哀地對他說：「你的身體簡直糟透了，你腿裡有水，腎裡有石，動脈裡有……」面對這種無比糟糕的身體狀況，他笑著對醫生說：「請問我腦子裡有沙子嗎？要是有的話，我明天就可以蓋房子了。」面對困境，你完全可以像這個人一樣以幽默的方式擺出樂觀的姿態。

笑聲是緩解心理疲勞的「慢跑運動」

我們經常聽到身邊朋友這樣抱怨：「唉，真是太累了！什麼時候才能徹底放鬆自己，過自己想要的生活？」隨著現代社會生活節奏的日益加快，人們承受各種巨大壓力，難免覺得力不從心，不知不覺中感到身心疲憊。而這種心理上的變化，勢必會帶來情緒上的波動，長此以往，惡劣的情緒若得不到緩解，很容易產生負面作用，甚至影響到我們的身體，嚴重時出現頭疼、胸悶或者茶飯不思等症狀。

究竟如何才能有效消除身心疲勞感，放鬆心情，感受生活的愉悅和美好呢？對此，天子體育集團總裁佩弗曾經這樣說過：「疲勞時，我會找理由讓自己笑一笑。遇到棘手的情況時，我一定會往有趣好笑的地方看，尤其是笑看自己的窘態。愈疲勞，我愈會用幽默來緩解疲勞，然後才凝神處理正事。」由此可見，笑聲，是有效緩解心理疲勞的一種「慢跑運動」，能從內在化解疲勞。

老趙是一名失業工人，前不久，為了生計，他與好友老王合夥開了一家豆腐加工店。兩人每天起早忙碌，非常辛苦。尤其是老趙，經常累得晚上到家後連飯都不想吃。時間一長，老趙覺得做豆腐生意太累，並且還賺不了大錢，便產生放棄的念頭。對此，老王心知肚明，打算找個合適的機

會好好勸勸老友。

　　一次，兩人在閒聊中，老趙又開始對老王埋怨起來：「唉，老哥，我覺得如今這豆腐生意的確不太好做，天天累得要死，還賺不了多少錢。」老王笑著拍了拍老趙的肩膀，給他加油打氣：「老弟，我們都是失業工人，以前在工廠裡清閒慣了，所以現在自己創業肯定很辛苦……其實我倒是覺得豆腐行業是個好行業，只要好好做，以後有的是錢賺。」

　　聽了老王的一番言辭，老趙有些不解，他疑惑地問：「是個好行業？是嗎，你說說看，怎麼個好法？」老王風趣地對他說：「你看，做豆腐生意其實最安全了，做硬了是豆腐乾，做稀了是豆腐腦，做薄了是豆腐皮，做溶了是豆漿，放臭了就是臭豆腐！你說這樣的買賣，不是穩賺不賠嗎？」

　　老王的一席話馬上說得老趙不由自主地大笑起來，同時一天的疲勞也在笑聲中沒了蹤影。

　　老王真是一個勸慰人的高手，面對好友對豆腐生意的消極態度，幾句話就讓對方輕輕鬆鬆地放下了癥結，並且讓他的疲勞感一掃而光。由此可見，幽默的力量有多大，而對於那些長期處於工作疲勞狀態中的人來說，更需要這種恰到好處的輕鬆幽默，在開懷大笑之餘渾身充滿鬥志。

　　小郭是某公司職員，他性格開朗，喜歡說笑。一個週末，公司要求全體員工加班，正當大家疲憊不堪地在辦公室工作的時候，小郭的手機突然響了起來，原來是老婆問他新開戶存摺的密碼。

　　見此情形，同事們都紛紛笑著說：「小郭，銀行密碼可不是鬧著玩的，你還是去外面說吧，省得我們盜了你的密碼。」

　　小郭胸有成竹地回答說：「不怕，即便你們聽到，也弄不清我的密碼是多少。」

一聽這話，有幾個同事不服氣：「好，那就試試看，你說吧，我們幾個非把你的密碼給分析出來不可！」說著，一個同事還裝模作樣地拿筆準備記錄。

見這陣勢，小郭笑了：「好，如果你們能破解我的密碼，晚上我請你們吃飯。」說完，他就對著電話跟老婆說道：「老婆，你記好了，密碼的第一位是兒子上次期中考試成績的最後一位數；第二位是妳上週買衣服發票上的第六位數；第三位是我們的結婚紀念日；第四位是家裡電腦開機密碼的第五位數；第五位是⋯⋯」

小郭的話還沒說完，同事們都故作暈倒狀，哈哈大笑起來。就這樣，本來死氣沉沉的辦公室氣氛一下子就活躍了起來。

小郭故意對老婆說的這番「暗語」很是風趣和複雜，不僅絕對有效地擊敗了打賭的同事，而且還給大家疲憊的加班生活帶來了一片歡樂。

所以說，當我們感到身心極度疲憊時，一則幽默的笑話往往可以舒緩心情，甚至讓我們對本來厭惡透頂的工作充滿了樂趣，並鼓起信心去迎接新的挑戰。

在一場足球比賽中，主隊在上半場就失了三分，眾多球迷很失望，支持者一下子走了一大半。看到這種情形，隊員們不僅失去了信心，而且感到非常疲憊，甚至有人建議中場退出。

就在此時，隊長站起來大喊一聲：「大家要加油啊！下半場我們很有利，因為給我們喝倒彩的觀眾都走光了！」

一聽此話，隊員們大笑起來，彷彿身上的勁兒又都回來了。

這位隊長十分機智聰明，面對上半場就慘敗的「戰友們」，他知道，隊員們此時的疲憊不僅僅是身體上的，更多的是心理上對於比賽結果的灰

心喪氣。因此面對無精打采的隊員，隊長在關鍵時刻運用帶有鼓勵意味的黑色幽默，為隊員們加油鼓勁，讓大家在大笑之餘也燃起了勝利的希望。

　　總之，當面對日益繁重的工作或學習引發的疲憊甚至厭倦感，不妨恰當地選擇幽默來緩解疲勞，讓來自身體和心理上的不快感一掃而光。

【幽默你的世界】

　　運用幽默來緩解疲勞時，我們要注意內容上的趣味性和說服性；否則，毫無生機的幽默必然引不起別人的興趣，同時也不能從心底裡發出微笑，緩解疲勞。

　　比如，你和女朋友一起逛街，兩人走得很疲憊。這個時候女友忽然抱怨：「哎呀，我的腳好酸哦，太累人，走不動了。」對此，你不妨笑著扡趣道：「怎麼了？親愛的，你是不是踩到檸檬了？」

　　當你和一幫男同事在工作之餘討論美女時，有人感慨：「唉，其實美女看多了也都差不多，就是那麼幾個模樣。」對此，你不妨插嘴道：「這有什麼奇怪的，沒聽說過高爾基（Maxim Gorky）的那句名言嗎？幸福的家庭大多雷同，不幸的家庭卻各有不同……這道理用在女人身上同樣合適，漂亮的女人大多相似，難看的女人卻各有不同。」

第十二章

演講談判的幽默

幽默的開場白，三言兩語就能抓住觀眾的心

　　俗話說「萬事起頭難」，演講也是這樣，開場白很重要。如果你一開始講話就很嚴肅、古板，那麼接下來的演講氣氛就很難再活躍起來。因為一旦演說者與聽眾的關係自開始時就疏遠，有隔閡，以後便不易拉近，所以開場時應巧妙運用幽默，它可以使演講者與聽眾都處於輕鬆的狀態，三言兩語就能抓住聽眾的心，迅速縮短雙方的距離。

　　一位年過五旬的養生專家應邀出席某健康講座，以下是他的開場白：「我的親朋好友都羨慕我到了這把年紀還保持著良好的體型，其實這都要歸功於我的夫人。二十五年前我們結婚時，我曾經這樣對她說：『希望我們以後永遠不要爭吵，親愛的。不管遇到什麼心煩的事，我絕不和妳吵架，我只會到外面去走一走。』所以諸位，今天你們能看到我保持著良好的體型，這是二十五年來我每天都在外面走一走的結果！」

　　聽了這幾句開場白，臺下的聽眾都不禁笑了，同時對這位養生專家報以熱烈的掌聲。

　　這位養生專家很懂得抓住聽眾最感興趣的話題，並巧妙地發散，透過描述自己身材保持良好的「訣竅」，一下子就吸引了大家的注意力，為接下來的演講營造了和諧、融洽的氛圍。

著名的書畫家、國學大師啟功先生，一次在某大學演講時，開頭這樣自我介紹道：「剛才主持人給我封了許多頭銜，我實在是不敢當。我們家的祖先原來生活在東北，是滿族，古代叫做胡人。所以我今天所講的都是『胡說』，同學們不必太過認真。」

這個輕鬆的開場幽默馬上引得大家都笑出聲來，說者和聽者的心理距離一下子就拉近了。

1990 年，知名電視臺邀請著名影視藝術家凌峰先生參加節目。當時，當他說完那番妙不可言的自我介紹後，一下子就被觀眾認同並受到了熱烈的歡迎。

他說：「在下凌峰，我和文章不同。雖然我們都獲得過『金鐘獎』和最佳男歌星稱號，但是我以長相難看而出名……一般來說，女觀眾對我的印象不太好，她們認為我是人比黃花瘦，臉比煤炭黑，但我很溫柔。」

凌峰的這番開場白妙趣橫生，謔而不虐，讓觀眾們捧腹大笑，並對他留下了坦誠、風趣和幽默的好印象。由此不難看出，藉助幽默的方式，緩解現場的壓抑氣氛，往往更有利於拉近與觀眾的距離，讓接下來的事情更順利。

一位大四的班主任在畢業歡送會上致辭，他一開口就讓人摸不著頭緒，因為他是這樣說的：「我原來想祝大家一帆風順，但仔細想想，這樣說不恰當。」

看著臺下同學們疑惑的神情，這位老師接著解釋道：「說人生一帆風順，就如同祝某人萬壽無疆一樣，是個美麗而又空洞的謊言。人生漫漫，必然會遇到許多艱難困苦，比如畢業後找工作、買房等等。由此我們不難得出結論：一帆風不順的人生才是真實的人生，在逆風險浪中打拚的人生

才是最輝煌的人生！祝大家奮力打拚，玉汝於成！」

老師的話音一落，臺下立刻響起雷鳴般的掌聲。全班同學都對老師別出心裁的開場白刮目相看，並心有所悟。

其實，這位老師所運用的幽默技巧就屬於典型的「反彈琵琶」。「一帆風順」是常見的吉祥祝語，老師卻故意曲解其意，從另外一個新穎且現實的角度詮釋出了人生哲理。如此開場，無異於平地驚雷，馬上就吸引了大家的注意。

前臺中市市長胡志強，2008 年 7 月在大學演講時，一開始就這樣幽默地對觀眾說：「到我這個年紀，『第一次』已經不多了。」

看著臺下的觀眾凝神靜氣，胡志強緊接著就開始與他們拉近距離，他說：「各位給我的熱情接待，讓我有了回家的感覺。一個人回家以後做的第一件事是什麼？」一邊說，他一邊把西裝外套脫去，扔在講臺一邊，然後還故意笑著對現場的記者調侃道：「你們不要再拍了，我不會繼續脫了。」

胡志強這番幽默詼諧、自然大方的話語剛說完，立刻就贏得了現場觀眾的一片掌聲。

胡志強的整個開場白循序漸進，步步為營。他巧妙運用幽默，不僅在極短的時間裡迅速打消了觀眾們對政治人物的隔閡感，還充分展示出自己的才智和風範，讓大家對他接下來的演講內容充滿了興趣和期待。

美國著名外交家季辛吉（Henry Alfred Kissinger），有一次應邀演講，當主持人介紹完後，聽眾馬上起立，長時間鼓掌。待掌聲停歇後，季辛吉微笑著開口說：「我要感謝你們停止鼓掌，因為要我長時間表示謙虛是很困難的事。」

一聽此話，聽眾們不由得都笑了起來，馬上對這位幽默外交家接下來的演講充滿了興趣。

季辛吉這一風趣的開場白，雖然只有寥寥數字，卻充分展現了傑出的語言才能，讓聽眾們對他刮目相看。試想，當時面對聽眾們的掌聲，假如季辛吉只是連聲說「謝謝！謝謝諸位！」，效果肯定大打折扣。

總之，好的開頭是成功的一半，演講也是如此。枯燥乏味的開場白必然無法勾起聽眾的興趣，失敗也就成了必然的結果。而幽默的開場，就好比是平地驚雷、奇峰突起，能在瞬間調動場上的氣氛，從而將演講成功地進行下去。

【幽默你的世界】

演講伊始，究竟如何巧用幽默來開場？我們不妨以自嘲開路，幽默搭橋，迅速縮短與聽眾之間的距離。

比如，你應邀作演講，開始時，為了提高聽眾的注意力，你可以這樣自嘲說：「大家好，老實說，作為一個演講者，這麼多年來我從觀眾那裡只得過兩種抱怨：一種是我講話聲音太大了，他們無法入睡；第二種是我講的時間太長了，他們無法一直清醒。」這句話就委婉地提醒臺下的聽眾：在我接下來的演講中，你們或者睡覺，或者不睡，都行，只要不打呼，我就會一直講下去。

如果你在演講中容易忘詞，但又覺得拿著演講稿不妥，在開場白中不妨這樣自嘲說：「親愛的朋友們，如果你們允許我讀我的講稿，我有三個理由：第一，我記憶力非常差 —— 其他兩個原因我記不清了。」

幽默的結尾，讓你的演講錦上添花

　　演講的結尾至關重要，這就好比俗話說的「編筐編簍，重在收口；描龍畫鳳，難在點睛」。而演講的結尾就是「收口」「點睛」，這一步往往決定著演講的成敗。那麼我們該如何安排演講的結尾？對此，美國著名演說家喬治‧柯赫曾經這樣說過：「當你說再見時，你必須使聽眾微笑。」由此可見，運用幽默藝術來作為演講的結尾不失為一個好辦法，它能使演講者在結束時贏得笑聲，給聽眾留下愉快美好的回憶。

　　著名文學家老舍先生是個喜歡幽默的人。他在某一次演講中，一開頭就說：「我今天給大家談六個問題。」接著，他一條一條地將前面的五個問題井然有序地談了下去。可是當他談完第五個問題時，卻發現離散會的時間快到了，於是就提高嗓門，一本正經地說：「第六，散會。」剛開始，聽眾都聽得一愣，不久後回過神來，都熱烈歡快地鼓起掌來。

　　面對即將散場而自己的第六個問題還沒講完的尷尬，聰明機智的老舍先生並沒有表現出絲毫的慌亂，而是保持著冷靜，以簡短的四個字「第六，散會」，作為這次演講的結束語，不僅讓聽眾覺得出乎意料，富有新意，而且又收到了幽默的效果。

　　曾經參加過美國內戰的約翰‧愛倫（John R. Allen），當年在競選國會

議員時，意外地遇到了一位旗鼓相當的對手陶克將軍。與愛倫一樣，陶克將軍也曾經參加過內戰，並有著卓越的功勳，此外，他還曾經任過數屆國會議員。

當發表競選演講時，陶克將軍在演講的結尾這樣侃侃而談道：「諸位親愛的同胞，記得就在十七年前的昨夜，我曾經帶兵在山上與敵人經過劇烈的血戰，並在樹叢中睡了一晚。所以如果諸位沒有忘記那次艱苦卓絕的戰鬥，在這次預選時，請不要忘記那個吃盡苦頭、風餐露宿且具有偉大戰績的人！」

聽了陶克將軍這番誠摯的言辭，聽眾們的心都被深深打動了。但是接下來愛倫在演講結尾時的一番話，卻輕而易舉地就把陶克將軍動人的演講給擊垮了。他幽默地調侃道：「陶克將軍說得不錯，他的確在那場戰爭中享有盛名，功不可沒。但你們或許不知道，那個時候我就在他手下做一名無名小兵，代他出生入死、衝鋒陷陣，當他在樹叢中安睡時，我卻拿著武器，直立荒郊，飽嘗寒風冷露地保護他。諸位，你們好好想一想當時的情景，如果是同情陶克將軍的，當然應投給他；反之，如果是同情我的，我可以說對於諸位的推選當之無愧！」

愛倫的這幾句話立刻就把聽眾的心給征服了，大家在會心一笑之餘，立刻爭先恐後地為其投票，隨之把他擁進了國會，名揚全國。

競選演講臺上，面對居功自傲的強勁對手，聰明的愛倫並沒有膽怯，而是巧妙又風趣地順著陶克將軍的話說下去，採用「以小襯大」的方式，委婉地說明了自己當時在內戰中是如何地飽嘗艱辛。如此實事求是的說辭自然深深地打動了聽眾，讓人們充分感受到了戰場上一位無名小卒的苦衷和樂觀。所以最終聽眾們都心懷感動，紛紛選舉愛倫來做國會議員。

　　由此可見，使用風趣幽默的語言作為演講結尾，不僅能博得聽眾一笑，還可以大大提升人們對你的好感，只要你懂得適時地在幽默中加入真誠。

　　總之，在各式各樣的演講結束語中，幽默式可以說是極有情趣的一種。一名講者若能夠在演說結束時贏得笑聲，不僅是演講技巧十分成熟的表現，更能給聽眾留下深刻而又美好的印象，讓人回味無窮。

【幽默你的世界】

　　怎樣才能做到巧用幽默來作為演講的結尾？關鍵在於結束語的風趣動人、別出心裁，同時又精練無比，不拖泥帶水。

　　比如，當你在即將結束演說時，不妨先不慌不忙地穿上外套，戴上帽子，套上手套，然後溫文爾雅地用詼諧的口吻對聽眾說：「先生們，女士們，我已經結束了自己的演講，而你們呢？」相信以這種幽默的方式來結束演講，肯定會贏得笑聲，給聽眾留下愉快美好的回憶。

臨場突遭意外，用幽默替自己解圍

　　有人說，能夠做到臨場發揮，是演講的最高境界。這話有一定的道理，畢竟演說是一種群眾性集體活動，可能出現各式各樣的意外情況，比如播音設備故障、現場觀眾因觀點不同提出質疑等等。身為掌控現場的講者，面對突發狀況，必然要尋找常用而有效的「武器」來靈活應對；若處理不當，不僅會使你的演講無法圓滿成功，甚至讓聽眾對你的印象大打折扣。

　　什麼樣的「武器」才能真正有效應對臨場的意外呢？毋庸置疑，還是幽默。

　　一名企業家非常善於演講，並善於運用幽默來巧妙轉換問題。有一次，該企業家應邀到某大學演講，期間有位大學生冷不防地站起來，大聲質問：「您認為成功是什麼？」

　　這可是一個棘手的問題，對於像這位企業家這樣公認和追捧的成功人士，即便有自身的體驗，若要講述自己的成功經歷，仍難免有些自誇的嫌疑。思考片刻之後，他微笑著對那位大學生說：「對不起，我不知道成功是什麼，但我知道失敗是什麼，失敗就是放棄。要成功就永遠不要放棄，所以基本上我每次一有成功的感覺時就倒楣了。」

聽完這番有趣的調侃之辭，臺下的學生們立刻被逗笑了，同時都對這位企業家這種「偷梁換柱」的回答方式感到無比欽佩。

面對那位大學生的「刁難」之問，睿智的企業家並沒有侃侃而談自己作為成功人士的「驕傲」，反而巧妙地以「失敗就是放棄」來委婉說明成功的定義，如此絕妙的引導方式，不能不說高明至極。

2006 年 10 月 25 日，法國前總統席哈克（Jacques René Chirac）在大學演講。然而當他在回答一位學生的提問時，麥克風忽然出現一點故障。見此情形，現場的工作人員很緊張，不知道怎麼辦才好。而席哈克對此卻毫不介意，先是像孩子般做了一個頑皮的鬼臉，然後聳聳肩笑著說：「這可不關我的事，我沒碰它。」

一句話引來全場聽眾的笑聲和掌聲，尷尬氣氛頓時消散。

在這種重大的外交場合，忽然遭遇麥克風故障的尷尬，作為一國總統，七十四歲的席哈克不僅沒有當場惱怒，反而巧用幽默來化解窘境，這種臨場發揮的智慧真是讓人敬佩。所以演講結束後，學生們一提起席哈克，都不無讚嘆地說：「沒想到這位總統如此幽默和平易近人，真是不錯。」

著名學者林語堂先生，一次在美國哥倫比亞大學講授中國文化課，對中國文化大加讚譽。這時，一位美國女學生不服氣地問：「林博士，你是說，什麼東西都是中國的好，難道美國沒有一樣東西比得上中國的嗎？」

這是一個很不好回答的問題，如果林語堂反過來讚揚美國，勢必不利於演說的主題，而若是嚴肅地表示美國不如中國，則會引起在座美國學生的敵意。林語堂只是輕鬆地回答：「有的，你們美國的抽水馬桶，就比我們中國的好嘛。」

他的話立刻引起哄堂大笑，現場氣氛頓時活躍而和諧，而那位發問的美國女學生呢？一時間也無話可說。

林語堂先生面對演講中美國女學生的異議，他沒有漠然置之，更沒有推翻自己之前的說法，而是巧妙地用一句話幽默地解圍，並且使演講得以順利進行。

凱升是美國的一位政界要員，當他首次在眾議院發表演說時，由於打扮得比較土氣，被有些聽眾譏笑，甚至有個粗魯的議員在他演講時插嘴說：「這位伊利諾伊州來的人，口袋裡一定裝滿了麥子呢！」眾人聽了哄堂大笑。

而凱升卻不慌不忙地回答說：「這位先生，你說得很對，其實我不僅僅口袋裡裝滿了麥子，而且頭髮裡還藏著許多菜籽呢！我們住在西部的人，多數是土頭土腦的。」這幾句坦率地自嘲，馬上就贏得了大家的好感和敬意。接著，凱升又大聲說：「不過我們藏的雖是麥子和菜籽，卻能長出很好的苗子來！」

面對這位不卑不亢的演說者有趣的說辭，臺下的聽眾紛紛鼓掌讚賞。就這樣，凱升在眾議院的首次演說中取得了決定性的勝利。

俗話說「眾口難調」。同樣的道理，演說往往很難讓在場的每一個人都感到滿意，然而一旦在演講過程中出現特殊情況，一定要學會運用富於幽默的言語輕鬆化解危機，這樣一來，那些看似不順心的意外便轉化成加分添彩的契機。

英國前首相威爾遜（Harold Wilson）曾經在一次政治演講中受到嚴重干擾。當時，他正在臺上聲情並茂地闡述自己的政治主張，忽然，鴉雀無聲的臺下傳來一聲叫罵：「狗屎！垃圾！」頓時，臺上臺下一片緊張。

在這關鍵時刻，威爾遜急中生智，不慌不忙地微笑著說：「這位先生，請您稍安勿躁。我馬上就會講到你所提出的環保問題。」

聽了這句幽默的話，臺下的聽眾都露出了會心的微笑，演講繼續進行。

面對持有不同政見的聽眾當眾辱罵，威爾遜既沒有視而不見，也沒有「以牙還牙」地罵回去，而是「順水推舟」、「將計就計」地利用幽默進行反擊，把「垃圾」和「狗屎」兩詞曲解成「環保問題」，可謂高明。

所以說，作為一個演講者，面對現場的意外時，如果你手忙腳亂，不知所措，自然會使得現場陷入尷尬。反之若能巧妙利用意外情況，「化被動為主動」，展示自己的幽默和大度，不僅能順利化解意外，還會大大提升觀眾對你的信任度，從而讓意外變成演講成功的推動力。

【幽默你的世界】

作為演講的最高境界，面對意外情況幽默地臨場發揮，並非難事。下面我們就推薦幾種方法供大家參考：

強化法。即把輕鬆的事態煞有其事地描繪成嚴重。比如當你在作演講，快到結束的時間，有人忽然問你一個很複雜的問題，並且這個問題一時半刻也解釋不清，這個時候你就可以微笑著說：「你是不想讓我回家吃飯了？」

怪問怪答。對於演講中別人所提出的荒謬提問，你不妨巧設條件給予解答。比如，有人問你：「二加三在什麼情況下不等於五？」你可以這樣回答：「如果一加二不等於三，那麼二加三也就不會等於五。」

歪問歪答。比如你在做某保健品健康講座的時候，有聽眾發難：「請問，你們是不是騙人的？」你不妨笑著回答說：「我們是光明正大的『騙子』！政府不僅允許我們『騙人』，而且還在報紙上號召更多的人『受騙』，在小巨蛋舉行新時代『騙子』代表大會！」

用笑聲來營造談判前的友好氣氛

　　與人交往見面時，寒暄打招呼是必不可少的一步，它使本不相識的人相互認識，使不熟悉的人相互熟悉，使單調的氣氛活躍起來。而在談判正式開始之前，這種寒暄客套也是非常重要的，若能巧妙利用幽默來為談判提前架設橋梁，往往有助於氣氛的融洽，令後續商談更順利。

　　胡建是某外貿公司的總經理，一次，他與某客戶進行重要的商業談判，因為雙方在以前從未有過任何接觸，初次見面時氣氛自然有些生疏。就在這個時候，機智的胡建笑著對客戶說：「李總，聽說你是屬虎的，貴公司在你的領導下肯定是虎虎有生氣啊！」一聽此話，客戶臉上露出了笑容，趕緊應聲道：「謝謝，借你吉言。唉，雖然我屬虎，可是一回到家，就很難有虎威可以施展了。」「哦，那是為什麼呀？」「我和我的夫人屬相相剋啊，我被降住了！」「那你妻子……」「她屬武松！」

　　聽了這番有趣的對話，在場的人都不禁被逗樂了，談判氣氛很快就緩和了下來。

　　在這裡，作為即將開始談判的當事人，胡建和客戶其實都想擺脫初次見面的沉悶氣氛，所以當胡建藉由生肖風趣地讚賞客戶時，客戶也心知肚明，及時地用幽默來回應，雖然有些刻意為之，但是有效地營造友好、輕鬆的談

話氣氛。由此可見，以幽默為談判提前暖身，很迅速地就能使雙方都處於精神鬆弛、心情愉快的良好狀態，從而為下一步的成功談判打好基礎。

　　趙先生是某進口公司談判員，一次，他搭飛機到英國，準備與某公司負責人商談某一建築機械裝置問題。一踏進對方的辦公室，趙先生就對那位負責人微笑著說：「您的姓氏的還真少見，下飛機後我查閱數據，發現這個城市乃至整個英國擁有這個姓氏的人並不多，而且彼此之間還存在著較近的血緣關係。由此可見，您這個姓氏，在歷史上肯定是貴族姓氏！」

　　一聽這話，這位負責人眼睛一亮，臉上馬上露出了微笑，開始與趙先生饒有興趣地談起了自己的姓氏起源和特殊含義。就這樣，談判還沒開始，雙方之間的談話氣氛已經輕鬆愉快起來。

　　面對一場即將開始的跨國談判，趙先生並沒有在和英國負責人見面的過程中亂了陣腳，也沒有開門見山，單刀直入，而是巧妙圍繞英國人最關注的姓氏話題，以不露痕跡的恭維之辭引起了對方的談話興趣，從而為初次見面的溝通營造了友好氣氛。由此不難想像，在接下來的談判中，趙先生將會很順利地取得圓滿成功。

　　第二次世界大戰期間，英國首相邱吉爾訪問美國尋求物資援助，他一下飛機便受到了美國總統羅斯福的熱情招待，並下榻於白宮，準備隔日就物資援助的問題進行談判。

　　第二天一早，當大腹便便的邱吉爾抽著雪茄，悠閒躺在浴缸裡，並將肚子露出水面時，門開了，進來的是羅斯福總統。兩個世界知名偉人在這種場合下見面，彼此都覺得很尷尬。突然，邱吉爾扔掉雪茄，不慌不忙地一邊從浴盆中站起身一邊微笑著對羅斯福總統說：「總統先生，我這個英國首相在您面前，可真是一點也沒隱瞞啊！」

聽了這句有趣的話，羅斯福總統哈哈大笑起來，馬上上前親熱地拉起了邱吉爾的手。最終，在友好的談判氣氛中，邱吉爾順利地為英國爭取到了美國強而有力的物資援助。

其實，邱吉爾在這裡使用的是「一語雙關」的幽默方式，「我這個英國首相在您面前，可真是一點也沒隱瞞啊！」這句話，既符合當時他赤身裸體站在羅斯福面前的情況，同時又委婉地暗示出：這次我的確是懷著誠意前來與您會談，希望能得到貴國的援助。如此巧妙的幽默暗示，不僅輕鬆地化解了尷尬的現場氣氛，同時也為接下來的談判提前營造和諧的氛圍。

總之，談判桌前，努力創造出熱情友好、輕鬆愉快的洽談氣氛尤為重要，它可以消除對方的猜疑、警惕或緊張心理，促成往後雙方的誠懇洽談、互諒互讓、友好地達成協定。

【幽默你的世界】

運用幽默來營造正式談判前的良好氣氛，主要有兩種方式：

1．利用當時的情景作為幽默的話題。比如當你在大熱天與某客戶談判時，一進門，你不妨邊擦汗邊微笑著說：「唉，今天老天爺的火氣真大，剛才我在汽車引擎蓋上打了個雞蛋，竟然不一會兒就煎熟了！」

2．事先摸清談判對手的情況，從他最關心的方面入手。比如你想向某客戶推銷保健器材，在正式會面之前就得知對方非常孝順，很在意父母的健康，而且只要認同產品就不會計較價格。有鑒於此，你不妨滿懷真誠地對他說：「某總，聽說您的母親就要過七十大壽了，人生七十古來稀啊，不過以您母親的身體狀況，就是再活七十年也絕對沒問題！」對方一聽此話，肯定心花怒放，此時你就可以趁機推銷自家保健器材對老年人身體健康的好處了。

談判桌上，幽默抗議對方的不合理要求

幽默大師林語堂曾經這樣說過：「在第二次世界大戰前，如果各國都派幽默高手來談判，那麼就可以避免戰爭的發生。」的確，在談判桌上，有人固持己見，堅持明顯不正確、不合理的要求，這種情況是在所難免的。此時若是針鋒相對、與其爭執，往往令談判陷入僵局，甚至引發不必要的大衝突。因此我們不妨打破常規邏輯，適當地運用幽默的語言，來避免和消除這類尷尬，讓對方在發出一笑的同時，了解自己見解的不妥之處，從而主動讓步，最終促使談判圓滿成功。

有段時期，蘇聯與挪威曾經就購買挪威鯡魚進行了長時間的談判。但是在談判中，狡猾的挪威人開價高得出奇，甚至到了蠻不講理的地步。對此，蘇聯的談判代表與挪威人努力討價還價，可對方就是寸步不讓。

無奈之下，蘇聯政府最後委派著名女談判家柯倫泰（Aleksandra Kollontai）為全權貿易代表。面對挪威人報出的高價，聰明的柯倫泰馬上就針鋒相對地還了一個合理的價格，這自然讓精明的挪威人難以接受，談判沒進行多久，就像以往一樣陷入了死胡同。

但是挪威人似乎並不在乎僵局，因為他們很清楚，蘇聯人要吃鯡魚，就得找他們買，真可以說是姜太公釣魚，願者上鉤。但是對於柯倫泰來

說，僵局是最糟糕的，拖不起也讓不起，並且還要迅速取得成功。

情急之餘，機智過人的柯倫泰使用了幽默法來拒絕挪威人提出的不合理價格。她微笑著對對方說：「好吧，我同意你們提出的價格。如果我的政府不同意這個價格，我也情願用自己的薪資來支付差額。但是，這自然要分期付款。諸位在座的，都是堂堂的紳士，你們願意眼睜睜地把一位女士逼到這種地步嗎？」

柯倫泰的一番話馬上就逗笑了挪威人，一笑之餘，他們也自認理虧，於是終於同意將鯡魚的價格降到一定標準。

面對一味堅持不合理鯡魚價格的挪威人，聰明的柯倫泰並沒有慌亂，而是用幾句幽默就輕鬆完成了前人歷盡千辛萬苦也未能完成的工作。

有一位很吝嗇刻薄的大富翁，和五隻狼狗住在一棟別墅裡。

一天，富翁請了一位知名畫家到家裡來為他的狗狗們畫一幅生活照。他要求畫家在美麗的花園裡，描繪出狗狗們活蹦亂跳的各種神態。於是，畫家辛辛苦苦地花了好幾天，在富翁家的花園裡捕捉五隻狗玩耍的情態。

畫好了之後，畫家將生動逼真的圖畫拿給富翁看，可是吝嗇的富翁卻早已打算好，準備找各種理由挑毛病，藉機少付點錢。於是，他拿著畫左看右瞧之後，大喊道：「哎呀！你怎麼沒有畫上狗屋呢？」

畫家一愣：「狗屋？可是之前您並沒有說要畫狗屋啊！」

「狗屋是狗的家，你畫了狗，不畫它們的家怎麼能行？」富翁理直氣壯。

見此情形，畫家明白富翁是故意找碴兒，於是就不動聲色地想了想，說：「那好，我就把畫改一改吧，明天給你送來。」

第二天，畫家把修改過的畫送來給富翁。可是富翁看罷，又驚叫道：

「哎呀，這畫上怎麼只有狗屋，沒有狗呢？」

畫家鎮定自若地回答說：「因為我們現在正在盯著它們啊，所以它們就躲進狗屋裡不出來了。沒事，你先掛在牆上，等過些時候沒人注意了，它們自然就出來了。現在，請您按約付款，謝謝。」

這番幽默的解釋令富翁無言以對，最後只得乖乖地如數付給畫家報酬。

在這個故事中，面對故意耍賴，想少付點錢的吝嗇富翁，畫家並沒有與其針鋒相對地爭執，而是巧妙運用「以荒唐對荒唐」的幽默，把畫上的狗狗全部去掉，最後只畫了狗屋。這樣既回答了富翁的問題，同時又捍衛了自己的立場，的確不失為一種良策。

總之，在談判時，對方忽然提出一些不合理的要求，這種情形很常見。對此，我們應該冷靜頭腦，找到對方的要害，運用輕鬆幽默的言辭來說服對方，捍衛自己的立場，這樣往往就能出奇制勝，取得談判成功。

【幽默你的世界】

談判桌上，運用幽默來抗議和拒絕對方的不合理要求時，我們不一定非要把自己的意思表明，因為那樣往往會讓現場氣氛陷入尷尬。對此，不妨利用對方的話來委婉拒絕，從對方的話語裡引出一個合乎邏輯的相同問題，巧踢「迴旋球」，這樣就能讓他「啞巴吃黃連 —— 有苦說不出」。

比如，當你在與某客戶談判時，對方竟然拐彎抹角地打探你們公司的內部機密。這個時候，你可以故作耳語狀，低聲對他說：「這是一個機密問題，你能替我保密嗎？」對方肯定連忙點頭，你則可以趁機回答說：「你能保密，那我同樣也能！」

用幽默來掌握主動權

在任何形式的談判中，唯有掌握主動權，才能控制談判節奏，使談判立於不敗之地。對於穩操勝券的主動方而言，一步主動則步步主動。而反觀被動者呢？一旦失去了主動權，往往在談判中被對方牽著鼻子走，最終處於不利的境地。

然而面對實力比自己強的談判對手，我們該如何巧妙改變被動的局面，反敗為勝？這就需要我們利用幽默的技巧，步步引導，從而兵不血刃地在談判中占據主動地位，達到「制人而不制於人」的效果。

一九三〇年代，英國商人威爾斯向香港茂隆皮箱行訂購了 300 個皮箱，價值港幣 20 萬元。當時合約上明明寫著：一個月內取貨，若逾期未按數量交貨，賣方必須賠償 50% 的損失。

這筆生意本來是皆大歡喜的，可是讓人想不到的是，當茂隆皮箱行經理洪燦如期交貨時，狡詐的威爾斯卻說，皮箱內層使用了木材，就不能算作是皮箱，因此上訴法院，要求洪燦按照合約約定賠償損失。面對威爾斯的惡意挑釁，洪燦自然不會吃這個悶虧，於是委託當時香港著名律師羅文錦出庭為他辯護。但是由於當時港英法院對威爾斯的偏袒，以及威爾斯囂張的氣焰，洪燦便處於弱勢局面。

　　見此情形，羅文錦毫不懼色，決定用簡單有趣的辦法，輕鬆轉變被動狀態。羅文錦不慌不忙從口袋裡取出一隻特大號懷錶，高聲問法官：「法官先生，請問這是什麼錶？」法官答道：「這是英國倫敦出口的名牌金錶。可是，這與本案有什麼關係呢？」「有關係。」羅文錦高舉金錶，面對法庭上所有的人繼續問道：「大家毫不懷疑，這是支金錶。但是，請問諸位，這支金錶除了錶殼是鍍金的之外，內部的機件難道都是金製的嗎？」

　　這個時候，法官才發覺自己已經不知不覺中了羅文錦事先設好的「圈套」，但是為時已晚。而羅文錦呢？又微笑著接著說：「既然沒有人否定金錶的內部機件可以不是金做的，那麼，茂隆行的皮箱案，顯然是原告無理取鬧、存心敲詐而已！」

　　一番話，說得法官理屈詞窮，最後只得判定威爾斯誣告罪，罰款5000元港幣結案。

　　作為被告洪燦的委託律師，面對囂張的英國奸商以及法院對其的偏祖，如果羅文錦當時沒有用這支金錶進行幽默的辯護，很難擺脫被動的不利局面，從而在唇槍舌劍中處於下風。這樣一來，無辜的茂隆皮箱行就要付出巨大的經濟損失了。

　　由此我們不難悟出，在針鋒相對的談判過程中，如果對方主動發動「攻擊」，將你置於被動的尷尬境地，你不妨冷靜下來，學學羅文錦，運用「以子之矛，攻子之盾」的謀略，以此類推，借敵攻敵，往往就可以順利扭轉被動局面，甚至轉敗為勝。

　　1918年，第一次世界大戰結束後，因為分割領地問題，土耳其與希臘發生了外交衝突。對此，作為希臘的友好盟國英國，決定好好教訓土耳其，於是糾集了美國、法國、義大利等國家，派出代表集體前往洛桑，與

土耳其談判，試圖以這種盛氣凌人的陣仗來逼迫土耳其簽訂不平等條約。

當時英國派出的談判代表是大名鼎鼎的外交家刻遵，此人不僅談判口才一流，而且身材高大，聲若洪鐘。但相比之下，土耳其的談判代表伊斯美就與刻遵形成了鮮明對比。伊斯美不僅身材矮小，其貌不揚，而且還有點耳背。所以談判一開始，刻遵根本沒把伊斯美放在眼裡，處處表現出不可一世的囂張氣焰。與此同時，其他國家的談判代表也附和刻遵對伊斯美聲色俱厲，紛紛表現出一副「仗勢欺人」的樣子。

但是伊斯美處在這種被人包圍的不利形勢下，卻顯得若無其事，從容鎮定。更有趣的是，每當靜靜地聽完對手刻遵在談判桌上大發雷霆的時候，伊斯美總是不慌不忙地伸出右手，靠在耳邊，然後把身體移向刻遵，輕聲問道：「閣下，您剛才說了什麼？我還沒聽明白呢！能不能再重複一遍？」

誰都知道，人的激情是不能重複表演的，除非是演戲。所以刻遵也無法再像剛才那樣暴怒，因此面對伊斯美的請求，他只能坐在那裡悻悻地吞口水。就這樣，伊斯美巧妙運用以靜制動、以柔克剛的方式，在談判桌上與各國代表苦苦周旋了三個月，最後終於在維護大英帝國面子的同時，取得了談判桌上的勝利，成功地維護了土耳其的合法權益。

在這個故事中，伊斯美之所以故意以自己耳朵的缺陷，幽默地向談判對手提出再重複一遍的請求，其實目的就是打消對方囂張的氣焰，讓他主動攻擊的激情慢慢低落下來。這樣一來，伊斯美才有可能先擺脫被動挨罵的尷尬，然後再平心靜氣地與對手機智周旋，最終取得了談判的勝利。

所以從這一點來講，談判桌上遭遇被動場面時，如果一味地站起身高聲與對手雄辯，往往是不明智的，反之，巧妙地運用幽默，以靜制動，甚

至適當沉默，卻能有利於脫身，退身拿起有效「武器」進行反擊。

　　總之，在談判中，很多時候我們只需要適時地幽默一下，就能達到起死回生的效果。所以幽默在談判中是不可或缺的，尤其是當你身處劣勢之際，幽默往往能使局面轉敗為勝。

【幽默你的世界】

　　運用幽默來掌握談判的主動權，除了上面我們所講的「以子之矛，攻子之盾」和「以靜制動」外，還有一種方法也很不錯，即利用詼諧的反語，「欲褒則虛貶，欲貶則虛褒」。

　　比如，你與某公司在飯桌上商談有關訂購他們的產品，然而對方在價格上絲毫不讓步，非常吝嗇。在這個僵持不下的時刻，你不妨故意轉移話題，指著桌上的菜微笑著說：「唉，這家餐廳的菜餚，味道是不錯，可惜就是盤子太大了！」這樣透過說「盤子大」來反襯「菜少」的事實，委婉地暗示對方：既然想合作，就沒必要這麼小家子氣，在價格上斤斤計較。

用幽默回擊對方的刁難和攻擊

在談判中，相互尊重是最起碼的禮節。不管雙方代表在個人身分、地位上有多大差異，或者他們所代表的組織在實力、級別等方面如何強弱懸殊、大小不均，一旦走到談判席上，就都是平等的。然而有些談判代表總是自恃地位高貴或背後實力強大，表現得傲慢無禮，對另一方挖苦攻擊，試圖在氣勢上壓倒對方，迫其屈服；甚至也有談判代表自身涵養不好，遇到談判不順利時，惱羞成怒，侮辱、謾罵對方等等。

處在這種不利情境下，該如何有效應對？很顯然，如果你以牙還牙地與對方針鋒相對，勢必會讓談判無疾而終。我們不妨使用幽默的語言回敬對方的無禮，剎住其囂張氣焰的同時，也做到了不辱使命，不失氣節。

古代，有個吝嗇而又自持有才學的秀才，他在大街上遇到一個鄉下人在賣木柴，於是就打算買一些木柴回家。雙方經過一番討價還價後，吝嗇的秀才最終仍不滿意鄉下人給的價格，堅持以低於市價很多的價錢來買他的木柴。對此，鄉下人有些生氣，揮手道：「算了，既然談不攏價錢，您就去別的地方買吧！」

一聽此話，秀才很氣惱，加上他一向很看不起鄉下人，就想藉機奚落對方一番。秀才對鄉下人質問道：「請問這位老鄉，你有幾個令尊？」鄉

下人佯裝不知，反問道：「令尊是什麼？」自認清高的秀才以為鄉下人真的不知「令尊」何意，於是就狡黠地一笑：「令尊就是兒子的意思啊！」鄉下人不動聲色地說：「哦，原來如此，那麼請問您有幾個令尊？」秀才沒有料到這一招，一時氣得直翻白眼。而那位聰明的鄉下人呢，卻步步緊逼，看到秀才不說話，就故意裝作一副安慰的樣子說：「哦，我知道了，原來您膝下無子。不過您別傷心，我倒是有兩個兒子，可以過繼一個給您當令尊，不知您願意否？」

鄉下人這句話更是讓秀才無言以對，最後只好悻悻而去。

買賣雙方因為談不攏價格，好聚好散，本是件很平常的事，可是這位自恃有才學的秀才，因為談判不成，就想惡意捉弄鄉下人，結果偷雞不成反蝕把米，被對方順著「令尊」的話題給大大奚落了一番。如此下場，可謂自食其果。

在談判場合中，我們往往會遇到一些不可理喻的人，他們會故意拿那些沒有任何道理可言的問題來刁難，讓你進退兩難。在這種情況下，我們可以用幽默的方式來回敬對方，為自己解脫尷尬的同時，讓對方意識到自己的失禮之舉。

有一次，美國總統柯林頓（William Jefferson Clinton）被記者圍攻。有記者故意問道：「總統先生，對於媒體對您與陸文斯基（Monica Lewinsky）小姐的緋聞報導，您作何評價？」

柯林頓不慌不忙地微笑著答道：「這又有什麼！取笑我的話已經被世人說盡了，再也沒人能說出新鮮的了！」

一聽此話，那位刁難的記者頓時語塞。

柯林頓的回答顯得尖銳而又圓滑，自嘲中帶有反攻的陣勢，其意思是

說：你們哪個有本事再說出點新花樣來？我洗耳恭聽便是！試想一下，面對這種窘迫的處境，如果柯林頓表現出反感，或面帶怒色地直接拒絕記者的提問，結果會怎樣？不用說，結果肯定要糟糕得多！

所以說，談判桌上，當你遭遇對方的刁難和攻擊時，一定要泰然處之，絕不能人動肝火或者不知所措，而是要以一種幽默風趣的技巧去面對，這樣往往就能化干戈為玉帛，有效化解尷尬處境。

【幽默你的世界】

遇到惡意刁難和人身攻擊的尷尬境遇時，我們首先要按捺怒氣，冷靜思考，不妨順著對方的思路，幽默地反擊。

比如，在談判中，對方含沙射影地攻擊：「我覺得這世界上最鋒利的東西莫過於你的鬍子，因為你臉皮這麼厚，它們居然還能破皮而出！」對此，你不妨微微一笑，順著他的話題反擊道：「你知道為什麼你不長鬍子嗎？因為你臉皮更厚，連尖銳、鋒利的鬍子都無法鑽破！」如此順著對手攻擊的邏輯來推理，可謂是「後發制人」，由此即能取得幽默的反擊效果。

幽默修練手冊，從生活到職場擺脫尷尬的 12 堂魅力課：

用幽默提升人際關係，讓你在各種場合中游刃有餘

作　　　者：孟令瑋

發　行　人：黃振庭

出　版　者：崧燁文化事業有限公司

發　行　者：崧燁文化事業有限公司

E - m a i l：sonbookservice@gmail.
com

粉　絲　頁：https://www.facebook.
com/sonbookss/

網　　　址：https://sonbook.net/

地　　　址：台北市中正區重慶南路一段
61 號 8 樓

8F., No.61, Sec. 1, Chongqing S. Rd.,
Zhongzheng Dist., Taipei City 100, Taiwan

電　　　話：(02)2370-3310

傳　　　真：(02)2388-1990

印　　　刷：京峯數位服務有限公司

律師顧問：廣華律師事務所 張珮琦律師

定　　　價：399 元

發行日期：2024 年 07 月第一版

◎本書以 POD 印製

Design Assets from Freepik.com

國家圖書館出版品預行編目資料

幽默修練手冊，從生活到職場擺脫
尷尬的 12 堂魅力課：用幽默提升人
際關係，讓你在各種場合中游刃有
餘 / 孟令瑋 著 . -- 第一版 . -- 臺北市
: 崧燁文化事業有限公司 , 2024.07
面；　公分
POD 版
ISBN 978-626-394-538-8(平裝)
1.CST: 幽默 2.CST: 人際關係
3.CST: 溝通技巧 4.CST: 生活指導
177.3　　113010101

電子書購買

爽讀 APP

臉書